语文

基础模块（下册）

主　编　陈雪婷　赖雪清
副主编　罗　满　肖斌蓉　谢　维　黄　杰
参　编　李燕飞　莫正桂　吕　洵　谢岳婷
　　　　林　楹

北京理工大学出版社
BEIJING INSTITUTE OF TECHNOLOGY PRESS

版权专有　侵权必究

图书在版编目（CIP）数据

语文基础模块.下册/陈雪婷，赖雪清主编.—北京：北京理工大学出版社，2018.1
 ISBN 978-7-5682-5129-7

Ⅰ.①语…　Ⅱ.①陈…②赖…　Ⅲ.①语文课-中等专业学校-教材　Ⅳ.① G634.301

中国版本图书馆 CIP 数据核字（2018）第 001454 号

出版发行 / 北京理工大学出版社有限责任公司
社　　址 / 北京市海淀区中关村南大街 5 号
邮　　编 / 100081
电　　话 /（010）68914775（总编室）
　　　　　（010）82562903（教材售后服务热线）
　　　　　（010）68948351（其他图书服务热线）
网　　址 / http：//www.bitpress.com.cn
经　　销 / 全国各地新华书店
印　　刷 / 北京佳创奇点彩色印刷有限公司
开　　本 / 787 毫米 ×1092 毫米　1/16
印　　张 / 9.5
字　　数 / 149 千字
版　　次 / 2018 年 1 月第 1 版　2018 年 1 月第 1 次印刷　　　　责任校对 / 周瑞红
定　　价 / 36.00 元　　　　　　　　　　　　　　　　　　　　责任印制 / 边心超

图书出现印装质量问题，请拨打售后服务热线，本社负责调换

前言

语文课程是中等职业学校学生必修的一门公共基础课程，任务是使学生具备较强的语言文字运用能力和思维能力，能够传承中华民族优秀文化，吸收人类进步文化，提高人文素养，养成良好的道德品质，成为全面发展的高素质技术技能人才。本套教材是在广泛调研的基础上，依据教育部2016年12月印发的《中等职业学校语文课程标准（征求意见稿）》相关要求，从中等职业学校教学工作的实际情况出发组织编写的，可供各类中等职业学校使用。

本套教材的编写遵循以下几个原则：

一是工具性与人文性统一。语言文字是人类最重要的交际工具和信息载体，也是人类文化的重要组成部分。工具性与人文性的统一，是语文课程的基本特点，为此本套教材在选编文章时坚持了两者的融合与统一，比如《向中国人脱帽致敬》既体现人物对话的高超艺术，又体现出强烈的民族自尊心和自豪感，阅读时既要学习人物的应答技巧，又要培养学生的爱国情操。

二是经典性与时代性结合。为了实现教学目标，语文教材必须与时俱进，把握时代的节律，契合学生的思想脉搏、生活实际及发展需要。因此，本书选编了航天英雄杨利伟的演讲《与责任对话》等。同时，语文学习不能忽略经典，不能忽略优秀传统文化的传承。所以，本书选编了东晋大书法家王羲之的《兰亭集序》、唐朝诗人张若虚的《春江花月夜》等。

三是语文素养与职业素养并重。中等职业学校语文教学与普通高中语文教学的目标有很大差异，要求在教学中既要大力提升学生的语文核心素养，又要注重培养学生的职业素养。所以，本套教材设计的课后能力训练及语文综合实践活动，都注重与学生毕业后的工作需求和从业能力相结合，注重培养学生的职业素养与解决实际问题的能力。

本套教材共分三册，包括基础模块上、下各一册和拓展模块一册。每册教材都围绕"语言的理解与运用""思维的发展与提升""审美的发现与鉴赏""文化的传承与创新"等语文核心素养的培养，以听、说、读、写四项语文基本能力为主线，分别安排"听话、说话、阅读、写作、综合"五个单元。每册教材中听、说、读、写的知识点由浅入深，循序渐进，不断提升学生的语文核心素养及综合运用能力。

为了方便组织教学，每个单元前设有单元导语，每个单元选编四篇文章，安排一个语文综合实践活动，文章的文体及篇目根据编写原则及能力训练目的而选择。一般单元都包含现代文、古文，个别单元还选编了外国文学，语文实践活动也是根据单元能力训练目的而设计的。每篇课文安排以下板块，即"学习目标、小贴士、课下注释、内容解析、字词驿站、知识殿堂、能力训练、突破自我、拓展延伸"。在"知识殿堂""拓展延伸"等板块设计了二维码，可以利用移动终端扫描二维码显示相关知识及学习参考资料。

本套教材以"听、说、读、写"四项能力训练为抓手，总学时安排200学时，其中，基础模块上下册150学时，拓展模块50学时。教师可以根据教学计划、学生学情、岗位标准以及学生未来职业生涯规划等因素，在确保能够提高学生语文核心素养与职业素养的基础上适当调整。同时在实际教学中，可通过教材中的"知识殿堂""拓展延伸"来增加、删减、调整教学内容，以便调整教学安排及进度。建议使用教材的师生，灵活恰当地运用教材，使其成为教师教学的得力工具，成为学生学习的有力帮手。

编　者

CONTENTS
目 录

第一单元

第1课　为你自己高兴 …………………… 2

第2课　龙眼与伞 …………………………… 8

第3课　倾听赢得顾客 …………………… 13

第4课　烛之武退秦师 …………………… 18

综合实践活动 …………………………… 23

第二单元

第5课　卖白菜 …………………………… 26

第6课　我有一个梦想 …………………… 33

第7课　威尼斯商人 ……………………… 41

第8课　子路、曾皙、冉有、公西华侍坐 … 50

综合实践活动 …………………………… 55

第三单元

第9课　荷塘月色 ………………………… 58

第10课　人生的境界 ……………………… 63

第11课　一碗阳春面 ……………………… 68

目录
CONTENTS

第12课　师说 …………………………………… 78

综合实践活动 …………………………………… 84

第四单元

第13课　我的空中楼阁 …………………… 87

第14课　漫话清高 ………………………… 93

第15课　采草药 …………………………… 99

第16课　写总结的几个问题 ……………… 104

综合实践活动 ……………………………… 112

第五单元

第17课　列车上的偶然相遇 ……………… 115

第18课　创造宣言 ………………………… 121

第19课　荷花淀 …………………………… 127

第20课　兰亭集序 ………………………… 137

综合实践活动 ……………………………… 143

第一单元

DIYIDANYUAN

单元导语

　　本单元的学习重点是倾听技巧。全神贯注，认真倾听；尊重对方，礼貌恭听；敏捷反应，捕捉信息；发掘信息，听话听音。了解并学会运用一定的倾听技巧，才能成为合格的倾听者。

　　本单元选文传递了开启智慧的声音。《为你自己高兴》，是作家刘心武认真倾听朋友的心声，借助朋友的故事，向人们传递深刻的人生感悟：只有聆听自我的真实心声，不随意活在别人的审视中，才能获得真正的幸福；《龙眼与伞》中，迟子建通过两位母亲送伞和送龙眼的生活片段，表达了对母爱的深沉思考，同时强调了礼貌恭听的重要性；《倾听赢得顾客》生动地再现了世界最伟大的推销员乔·吉拉德倾听顾客的经历，启发我们认真思考倾听在职业发展中不可替代的作用，从而用倾听赢得职业发展；《烛之武退秦师》讲述的是秦晋大军兵临城下，郑国危如累卵，烛之武临危受命，智退敌军的故事，听来让人赞叹不已。

第 1 课　为你自己高兴[①]

刘心武[②]

学习目标

1. 倾听对话，抓住大意，提取"为自己高兴"的相关信息；
2. 倾听全文，专心感悟语言信息，学会认真倾听；
3. 体会文中人生感悟，为自己准确定位，感受生活中的幸福。

小贴士

听的繁体字写法是聽，可解为十目一心耳为王。讲的是多看、专心，才能有效倾听。

　　朋友小凌自幼双腿萎瘫，在一家印刷包装纸的福利厂工作，业余爱好文学书，常到我家来借，我有一天就对他说："你怎么不立个大志向，发奋写作，也成个作家？"我自然举出了中外古今的一些例子，又借给他《三月风》，激励他登上"维纳斯星座"；当时他没说什么，过些天来还书，他告诉我："我没有写作的天分，我就这样当个读者挺好。"临告别时更笑着说："我活得挺自在，我为自己高兴。"

　　上个星期天我在大街上看见了他，他骑着电动三轮车，后座上是也有残疾的妻子，搂着他们完全健康的小女儿，三个人脸颊都红喷喷的，说是刚从北京游乐园玩完回来，真的，他们全家都为自己高兴，那是人生中最打实最醇厚的快乐为自己高兴吧！我为什么不完美？——别钻那牛角尖。要是别人问：你为什么不如何如何，那么，让我们都像小凌那样，坦然无愧地看待自己，珍爱、享受平凡而实在的人生！

　　一个作家朋友得了个奖，却很不高兴。为什么？因为有人问：为什么只是个地区奖，而不是全国奖？如果他得了个全国奖，那么又可以问：为什么

[①] 本文选自《中国最美的散文》（上），有删减。
[②] 刘心武：当代作家，笔名刘浏、赵壮汉等，四川成都人。代表作有短篇小说《班主任》《如意》，长篇小说《钟鼓楼》，纪实小说《公共汽车咏叹调》《五一九长镜头》。

不是最高奖？如果是最高奖，那么又可以问：为什么国际上没有得奖？如果国际上得了奖，那么还可以问：为什么不是诺贝尔文学奖呢？他真的得了诺贝尔文学奖，也仍然可以极为好奇地、激励他向上地、不间断地问他：怎么你得奖后反倒写得不那么多，而且，怎么写出的作品都不如以前的好，怎么也没有新的突破了呢？……这样一路问下去，会有什么样的结果呢？也许会有正面的例子，但我举不出来，我只知道美国海明威和日本川端康成都是在获得诺贝尔文学奖不久后自杀身亡，也许他们自杀的心理因素非常复杂，但一些评论家讥讽海明威的"江郎才尽"，社会舆论对川端康成达到至美至丰境界的高于富士山的期盼压力，很可能是那诸种因素中相当重要的一种。

不要为自己立下高不可及的标杆，更不要被别人往往确实是出于好心好意的刺激而陷入自卑自怨自责自苦的泥潭！

开电梯的小倪有一天刚从发廊理完发来上班，楼梯里乘电梯的人们说她这下更像电视里出现过的某位歌星了；说一次也罢，后来有的人确实出于好心，出于善意，往往也是出于无聊，出于没话找话，更有出于起哄的，便不断地用这类话来激小倪，比如你为什么就不去试试，也当个歌星，也上上电视呀；你为什么就甘心窝在这个小笼子里呀；你这么好的相貌这么活泼的性格，为什么不起码当个广告模特儿呀……有一天，众人正在电梯里哄着，小倪就高声宣布说："你们说的那位，顶多算个三流歌星，我可是个一流的电梯工！不是我像她，是她长得像我！"说完哈哈大笑起来。小倪在为自己高兴。她高兴自己的工作，自己的平凡，自己的不必上电视，自己的适得其所，自己的不为他人左右……

是的，要为自己高兴，你的个人最适合于你，你的相貌为你所独有，你的身体状况即使不佳即使有残也无碍你内心的自尊与自爱，因为你在诚实地生活，在认真地工作，在挣得你应有的一份，在享受社会应为你提供的那一份快乐，你每天晚上问心无愧地安睡，你每天清晨兴致勃勃地迎接又一个平凡而充实的日子……是的，你不一定要成为维纳斯，不一定升为星座，但你可以尽情欣赏"维纳斯星座"，你不一定出现在电视上，但你在生活中完全可以拥有比那更多的乐趣……

争取不凡诚然可敬可佩，然而甘于结结实实的平凡，如小凌，如小倪，则更可爱可羡……这个世界很大，机会确实很多，然而这个世界也很小，机遇又极为难得，我们应在奋力进取与适可而止之间取得一种平衡，我们要懂得这个世界不单是为不平凡的人而存在的，恰恰相反，这个世界是为平凡的人而存活。

为你自己高兴，因为你的努力奋进已取得了一些成果；为你自己高兴，因为你能够如现在这样也真是挺不错；为你自己高兴，因为你不为自己设置徒添烦恼的标杆，更不受他人那出于好意而设置的缥缈标杆而蛊惑；为你自己高兴，为你那平凡而充实的、问心无愧的存在而高兴！

小贴士

注意力在倾听中常表现为两种方式：一是集中注意，力排干扰；一是分散注意力，也称注意力分配，既注意听又注意比较。

内容解析

这是一篇发人深省的散文。作者借助朋友的一句话"我活得挺自在，我为自己高兴"，传递出深刻的人生感悟：人只有理性看待别人的审视，懂得认真倾听自己的真实心声，坦然无愧地看待自己，珍爱并享受平凡而实在的人生，才能获得踏实的幸福。认真倾听了作者的感悟之后，你有什么收获？

字词驿站

一、给下列加点词语注音。

萎瘫（　　）醇厚（　　）舆论（　　）泥潭（　　）蛊惑（　　）

二、从以上词中任选一字，完成成语接龙，填满方格为止，上下或左右接龙均可。

如：萎靡不振——振兴中华——华而不实——实实在在

						PK								

知识殿堂

填空。

口头交流最大的特点是_____，这就要求听话者养成_____别人说话的好习惯。认真倾听不仅要用耳，而且要用_____；不仅是对声音的吸收，更是对_____的理解。

如何认真倾听

能力训练

一、倾听作者观点，帮助自己寻找"幸福点"。

倾听作者	你能听出作者认为我们可以从哪些方面为自己高兴吗？举例说明
倾听自己	寻找自身的闪光点，和大家分享你为自己高兴的方面

二、 作者说"我们应在奋力进取与适可而止之间取得一种平衡"，你是否听懂了其中的内涵？试着说一说。

三、语音诊断。

找会不同方言的同学聊天，尽量不要打断，看他们在有效交流的情况下，可以谈多久。作为旁观者，认真倾听纯方言对话。听完之后，你对他们讲讲自己听到了些什么，同时进行一次语言诊断，告诉他们所用的方言与普通话语音的对应差异在哪里。

突破自我

一、闪电听记。

倾听20～30个不同的词语，进行速记，相同时间内看谁记得又对又多。

如何自我定位

二、倾听中自我定位。

多方面倾听他人对自己的评价，选取倾听中的可取评价，分别填在对应的象限中，每个象限不少于10个关键词。

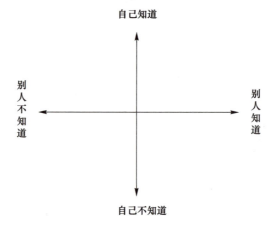

结论：我是一个_____，
_____，
_____的人。
我有做_____的潜质。
我的身份图像是（如：教师、老板等）_____。
我应该_____，
_____，
_____，
_____。

拓展延伸

1. 思维导图。

快速听记不是一件容易的事，英国心理学家托尼·巴赞在达·芬奇笔记的启发下发明了风靡世界的思维工具——思维导图，学学看。

2. 如何认识自己，听张泉灵演讲——我是谁？我要什么？

学习思维导图

我是谁？
我要什么？

第 2 课 龙眼与伞[①]

迟子建[②]

学习目标

1. 捕捉文中诠释母爱的有效信息,抓住作者表达的重点内容;
2. 掌握礼貌倾听的基本技巧,排除倾听的消极情绪,真诚聆听;
3. 能运用礼貌倾听技巧,进行主动倾听。

小贴士

良好的倾听习惯有:认真听、礼貌听、同理听。

　　大兴安岭的春雪,比冬天的雪要姿容灿烂。雪花仿佛沾染了春意,朵大,疏朗。它们洋洋洒洒地飞舞在天地间,犹如畅饮了琼浆,轻盈,娇媚。它们似乎知道自己的美丽,不像冬天的雪往往在夜里下,它们喜欢白天时从天庭下来,安抚着人们掠美的眼神。

　　我是喜欢看春雪的,这种雪下得时间不会长,也就两三个小时。站在窗前,等于是看老天上演的一部宽银幕的黑白电影。山、树、房屋和行走的人,在雪花中闪闪烁烁,气象苍茫而温暖,令人回味。

　　去年,我在故乡写作长篇《额尔古纳河右岸》。四月中旬的一个下午,正写得如醉如痴,电话响了。是妈妈打来的,她说,我就在你楼下,下雪了,我来给你送伞,今天早点回家吃饭吧。

　　没有比写到亢奋[③]处遭受打扰更让人不快的了。我懊恼地对妈妈说,雪有什么可怕的,我用不着伞,你回去吧,我再写一会儿。妈妈说,我看雪中还夹着雨,怕把你浇湿,你就下来吧!我终于忍耐不住了,冲妈妈无理地

[①] 本文选自《迟子建散文》,有删改。
[②] 迟子建:女,中国作家协会第八届主席团成员,黑龙江省作家协会主席,一级作家。
[③] 亢(kàng)奋:极度兴奋。

说，你也是，来之前怎么不打个电话，问问我需不需要伞？我不要伞，你回去吧！

我挂断了电话。听筒里的声音消逝的一瞬，我马上意识到自己犯了最不可饶恕的错误！我跑到阳台，看见飞雪中的母亲撑着一把天蓝色的伞，微弓着背，缓缓地朝回走。她的腋下夹着一把绿伞，那是为我准备的啊。我想喊住她，但羞愧使我张不开口，只是默默地看着她渐行渐远。

也许是太沉浸在小说中了，我竟然对春雪的降临毫无知觉。从地上的积雪看得出来，它来了有一两个小时了。确如妈妈所言，雪中夹杂着丝丝细雨，好像残冬流下的几行清泪。做母亲的，怕的就是这样的泪痕会淋湿她的女儿啊！而我却粗暴地践踏了这份慈爱！

> **小贴士**
>
> 礼貌倾听，就要对说话者有最基本的尊重和理解，不急不躁，目光专注，面带微笑。

从阳台回到书房后，我将电脑关闭，站在南窗前。窗外是连绵的山峦，雪花使远山隐遁了踪迹，近处的山也都模模糊糊，如海市蜃楼。山下没有行人，更看不到鸟儿的踪影。这个现实的世界因为一场春雪的造访，而有了虚构的意味。看来老天也在挥洒笔墨，书写世态人情。我想它今天捕捉到的最辛酸的一笔，就是母亲夹着伞离去的情景。

雪停了。黄昏了。我锁上门，下楼，回妈妈那里。做了错事的孩子最怕回家，我也一样。朝妈妈家走去的时候，我觉得心慌气短。妈妈分明哭过，她的眼睛红肿着。我向她道歉，说我错了，请她不要伤心了，她背过身去，又抹眼泪了。

我知道自己深深伤害了她。我结婚时，最高兴的就是她了，她知道自己把女儿交给了一个最放心的人。我爱人去世后，她大病一场，一年中衰老了许多。她大约知道无人疼怜我了，向我张开了衰老的臂膀，把她那受了命运伤害的孩子又揽回怀中，小心呵护着。可我虽然四十多岁了，在她面前，却依然是个任性的孩子。

母亲看我真的是一副悔过的表情，便在晚餐桌上，用一句数落原谅了我。她说，以后你再写东西时，我可不去惹你！

《额尔古纳河右岸》初稿完成后，我来到了青岛，做长篇的修改。那正是春光融融的五月天。有一天午后，青岛海洋大学文学院的刘世文老师来看我，我们坐在一起聊天。她对我说，她这一生，最大的伤痛就是儿子的离世。刘老师的爱人从事科考工作，常年在南极，而刘老师工作在青岛。他们工作忙，所以孩子自幼就跟着爷爷奶奶，在沈阳生活。十几年前，她的孩子从沈阳一个游乐园的高空意外坠下身亡。事故发生后，沈阳的亲属给刘老师打电话，说她的孩子生病了，想妈妈，让她回去一趟。刘老师说，她有一种不祥的预感，觉得儿子可能已经不在了，否则，家人不会这么急着让她回去。刘老师说她坐上开往沈阳的火车后，脑子里全都是儿子的影子，他的笑脸，他说话的声音，他喊"妈妈"时的样子。她黯然神伤的样子引起了别人的同情，有个南方籍的旅客抓了几颗龙眼给她。刘老师说，那个年代，龙眼在北方是稀罕的水果，她没吃过，她想儿子一定也没吃过。她没舍得吃一颗龙眼，而是一路把它们攥在掌心，想着带给儿子。

刘老师讲到这里哽咽了，我的眼睛也湿了。我不敢设想她带着那几颗龙眼去看儿子时的场景。

那个时刻，我的眼前蓦然闪现出春雪中妈妈为我送伞的情景。母爱就像伞，把阴晦留给自己，而把晴朗留给儿女。母爱也像那一颗颗龙眼，不管表皮多么干涩，内里总是深藏着甘甜的汁液。

> **小贴士**
>
> 同理听，就是换位思考，推己及人。学会站在别人的角度倾听思考，更容易理解问题，解决问题。

内容解析

礼貌倾听是走进对方心灵的最好方式，即使是亲人之间也不例外。本文借助送伞和送龙眼两件事情，表达了对母爱的理解和珍惜，同时也说明了礼貌倾听的重要性。文中因爱而伤，因爱理解，因爱珍惜，读来感人至深。你听懂了吗？

字词驿站

词语魔方，连词成句。

从以下词语中任选三个，形成语意完整的一小段话。

亢奋	懊恼	饶恕	海市蜃楼
造访	攥在掌心	哽咽	蓦然

第 2 课　龙眼与伞

 知识殿堂

填空。

尊重对方礼貌恭听，要有发自内心的真诚态度，所谓"诚于中而形于外"；"诚于中"指_____；"形于外"表现在_____。

如何礼貌倾听

能力训练

一、文中妈妈说："我就在你楼下，下雪了，我来给你送伞，今天早点回家吃饭吧。""我看雪中还夹着雨，怕把你浇湿，你就下来吧！"从妈妈的话语中，你听明白了什么？

二、妈妈打来电话，作为作家的女儿，真听不出妈妈的语意重点吗？她为什么不能礼貌地倾听妈妈的电话？

表层原因：_____，
_____；

深层原因：_____，
_____。

三、文中说"听筒里的声音消逝的一瞬，我马上意识到自己犯了最不可饶恕的错误！""最不可饶恕的错误"指什么？

四、倾听了刘老师的故事，作者的眼睛湿润了，而那个时刻，她的眼前闪现出的却是春雪中妈妈为她送伞的情景，为什么？

突破自我

聆听自己的情绪变化。

礼貌倾听，是一种修养，也是尊重别人的一种表现，要从心理上做好情绪控制。关于情绪，奥地利的一位心理学家首先发现，人的情绪高低波动以28天为一周期，遵循着临界日——高潮期——临界日——低潮期——临界日——高潮期的规律而循环往复。

请你以一年中的某个月为例，为自己做一个情绪周期表，摸清自我情绪变化规律，安排事宜，调整情绪。

拓展延伸

情绪管理有方法

不抱怨靠自己

1. 学习情绪管理。

人们在倾听的过程中，容易有情绪的波动。情绪无好坏之分，但有积极、消极之别，由情绪引发的行为和行为的后果有好坏之分。以适当的方式在适当的情境，表达适当的情绪，就是健康的情绪管理之道。

2. 听精彩演讲"不抱怨靠自己"。

第 3 课　倾听赢得顾客

学习目标

1. 欣赏文中对话，分析人物形象；
2. 掌握敏捷反应捕捉信息的基本技巧；
3. 通过倾听乔·吉拉德的故事，理解倾听在职业发展中不可替代的作用，树立用倾听赢得职业发展的意识。

> **小贴士**
>
> 倾听有"三界"：学会听、听得懂、记得住。其中，听得懂就要准确掌握说话者的语言信息。

乔·吉拉德②花了近一个小时才让他的顾客下定决心买车，然后，他所要做的仅仅是让顾客走进自己的办公室，然后把合约签好。

当他们向乔吉拉德的办公室走去时，那位顾客开始向乔提起了他的儿子。"乔，"顾客十分自豪地说，"我儿子考进了普林斯顿大学，我儿子要当医生了。"

"那真是太棒了。"乔回答。

俩人继续向前走时，乔却看着其他的顾客。

"乔，我的孩子很聪明吧，当他还是婴儿的时候，我就发现他非常的聪明了。"

"成绩肯定很不错吧？"乔应付着，眼睛在四处看着。

"是的，在他们班，他是最棒的。"

"那他高中毕业后打算做什么呢？"乔心不在焉。

> **小贴士**
>
> 体态是一种无声的语言，它可以折射出心理状态的变化。在倾听时应规范自己的体态，不要让不良的体态影响交流。

---

① 选自《销售大师之乔·吉拉德推销思想精读全集》，该书为金跃军编著。
② 美国著名的推销员，也是吉尼斯世界纪录大全认可的世界上最成功的推销员。

"乔,我刚才告诉过你的呀,他要到大学去学医,将来做一名医生。"

"噢,那太好了。"乔说。

那位顾客看了看乔,感觉到乔太不重视自己所说的话了,于是,他说了一句"我该走了",便走出了车行。乔·吉拉德呆呆地站在那里。

下班后,乔回到家回想今天一整天的工作,分析自己做成的交易和失去的交易,并开始分析失去客户离去的原因。

次日上午,乔一到办公室,就给昨天那位顾客打了一个电话,诚恳地询问道:"我是乔·吉拉德,我希望您能来一趟,我想我有一辆好车可以推荐给您。"

"哦,世界上最伟大的推销员先生,"顾客说,"我想让你知道的是,我已经从别人那里买到车啦。"

"是吗?"

"是的,我从那个欣赏我的推销员那里买到的。乔,当我提到我对我儿子是多么的骄傲时,他是多么认真地听。"顾客沉默了一会儿,接着说,"你知道吗?乔,你并没有听我说话,对你来说我儿子当不当得成医生,对你来说并不重要。你真是个笨蛋!当别人跟你讲他的喜恶时,你应该听着,而且必须聚精会神地听。"

刹那间,乔·吉拉德明白了当初为什么会失去这名顾客了。原来,自己犯了如此大的错误。

乔连忙对顾客说:"先生,如果这就是您没有从我这里买车的原因,那么确实是我的错。要是换了我,我也不会从那些不认真听我说话的人那儿买东西。真的很对不起,请您原谅我。那么,我能希望您知道我现在是怎么想的吗?"

> **小贴士**
>
> 听对方说话,不要急着辩解,站在对方的立场,才能看到他眼中的世界。

"你怎么想?"顾客问道。

"我认为您非常伟大。而您送您儿子上大学也是一个非常明智之举。我敢确信您儿子一定会成为世界上最出色的医生之一。我很抱歉,让您觉得我是一个很没用的家伙。但是,您能给我一个赎罪的机会吗?"

"什么机会,乔?"

"当有一天,若您能再来,我一定会向您证明,我是一个很忠实的听众,事实上,我一直就很乐意这样做。当然,经过昨天的事,您不再来也是无可厚非的。"

2年后,乔卖给了他一辆车,而且还通过他的介绍,获得了他的许多同事的购买车子的合约。后来，乔·吉拉德还卖了一辆车给他的儿子——一位年轻的医生。

从此以后，乔·吉拉德再也没有在顾客讲话时分心。而每一位进到店里的顾客，乔都会问问他们，问他们家里人怎么样了，做什么的，有什么兴趣爱好，等等。然后，乔便开始认真地倾听他们讲的每一句话。

> **小贴士**
>
> 适时、适度、适量地对接收的信息做出积极反应，形成一种宽松和谐的互动氛围，有利于谈话的深入进行。

内容解析

本文真实地记录了乔·吉拉德依靠倾听赢得顾客的成功经历。文中因为倾听的随意和心不在焉，乔·吉拉德失去了即将签约的顾客，顾客给乔吉拉德上了生动的一课：没有真诚的倾听，就没有顾客。乔·吉拉德努力寻找推销失败的原因，诚恳道歉、认真倾听，敏捷反应、捕捉信息，最终成功地赢得了顾客，又给所有的职业人上了感人的一课：学会倾听，有助于职业发展，而学会听逆耳之言，才可以赢得职业的大发展。

知识殿堂

填空。

敏捷反应、捕捉信息要求听话者完整而准确地掌握说话者话语的信息，同时不断地_____、_____信息，能判断对方讲话内容的_____，辨别对方讲话中信息的_____，适时、适度、适量地对接受的信息做出_____。

敏捷反应捕捉信息

能力训练

一、眼睛是心灵的窗户，那么文中的顾客透过乔·吉拉德的眼睛看到了怎样的风景？

二、从顾客的话语中你听出了顾客的什么情绪。

1."乔，我的孩子很聪明吧，当他还是婴儿的时候，我就发现他非常的聪明了。"

2."乔，我刚才告诉过你的呀，他要到大学去学医，将来做一名医生。"

3."我该走了"。

4."哦，世界上最伟大的推销员先生"。

三、乔·吉拉德能认真倾听顾客的逆耳之言"你真是个笨蛋！当别人跟你讲他的喜恶时，你应该听着，而且必须聚精会神地听"。这给你什么启发？说给同学听听。

相声新势力

四、观看《笑傲江湖》栏目播出的《相声新势力》，以学习小组为单位展开讨论，视频中的哪些体态语表达传神？

五、情景模拟演练。

在公交车上,你无意中听到两位同学聊天——

"听说你们换了一位新语文老师?""嗯,这位老师特别好,不势利眼,有耐心又会讲课。我以前一上语文课就瞌睡,现在都不忍心不听讲……"

1. 请逐一列举你从这段对话中听出的信息。
2. 假设你是学前专业的毕业生,走上工作岗位你会怎么做?

佛罗里达州的一位女士从事"听人说话"的职业,她登出广告不久就门庭若市。前来发牢骚、投诉烦恼、倾泻内心苦闷的人源源不断。

如果你是这位女士的朋友,你会给出哪些倾听方面的建议?

学习"软实力"

1. "软实力"。

在职场上,并非只要有傲人的学历、过硬的业务能力就能成功,还需要其他一些"软实力"。哪些"软实力"是必备的呢?

《朗读者》"青春"主题节目

2. 聆听《朗读者》中关于"青春"的朗读,学习如何安放自己的青春。

第 4 课　烛之武退秦师①

左丘明②

学习目标

1. 结合语境倾听对话，掌握挖掘信息、听话听音的基本技巧；
2. 能抓准对话的潜台词，听懂讲话双方的"发力点"，正确理解讲话意图；
3. 能听出烛之武游说的技巧，学习他临危受命顾全大局的爱国精神。

小贴士

听话听音，即听辨能力。听辨能力主要表现在语音的辨析、语义的理解和话语的品评几个方面。

九月甲午，晋侯、秦伯③围郑，以其无礼于晋④，且贰于楚也⑤。晋军函陵⑥，秦军氾南⑦。

佚之狐⑧言于郑伯曰："国危矣，若使⑨烛之武见⑩秦君，师必退。"公从之。辞⑪曰："臣之壮也⑫，犹⑬不如人；今老矣，无能为也已⑭。"公曰："吾不能早用⑮子，今急而求子，是寡人之过也⑯。

---

① 本文选于《左传·僖公三十年》，题目为后人所加。
② 左丘明：春秋末期史学家，鲁国都君庄（今山东肥城市石横镇东衡鱼村人），姓丘名明，相传曾著《春秋左氏传》。
③ 晋侯、秦伯：指晋文公和秦穆公。
④ 以其无礼于晋：指晋文公即位前流亡国外经过郑国时，没有受到应有的礼遇。以，因为。
⑤ 且贰于楚：并且从属于晋的同时又从属于楚。且，并且。贰，从属二主。
⑥ 晋军函陵：晋军驻扎在函陵。军，驻军。函陵，郑国地名，在今河南新郑北。
⑦ 氾（fán）南：古代东氾水的南面，在今河南中牟南。
⑧ 佚之狐：郑国大夫。
⑨ 若：假如。使：派。
⑩ 见：进见。
⑪ 辞：推辞。
⑫ 臣之壮也：我壮年的时候。
⑬ 犹：尚且。
⑭ 无能为也已：不能干什么了。为，做。已，同"矣"，语气词，了。
⑮ 用：任用。
⑯ 是寡人之过也：这是我的过错。是，这。过，过错。

第4课 烛之武退秦师

然郑亡，子亦有不利焉。"许之①。

夜缒②而出，见秦伯曰："秦、晋围郑，郑既③知亡矣。若亡郑④而有益于君，敢以烦执事⑤。越国以鄙远⑥，君知其难也。焉用亡郑以陪邻⑦？邻之厚，君之薄也。若舍郑以为东道主，行李⑧之往来，共⑨其乏困，君亦无所害。且君尝为晋君赐矣⑩，许君焦、瑕，朝济而夕设版焉⑪，君之所知也。夫晋，何厌⑫之有？既东封郑⑬，又欲肆其西封⑭，若不阙⑮秦，将焉取之？阙秦以利晋，唯君图之。"秦伯说，与郑人盟⑯。使杞子、逢孙、杨孙戍⑰之，乃还⑱。

子犯请击之，公曰："不可。微夫人之力不及此。因⑲人之力而敝⑳之，不仁；失其所与，不知㉑；以乱易整㉒，不武。吾其还也㉓。"亦去之㉔。

> **小贴士**
>
> 听话是一种智慧。作为一个倾听者，应努力听出说话者的人品、意向、见识和气质。

---

① 许之：答应这件事。许，答应。
② 缒（zhuì）：用绳子拴着从城墙上往下吊。
③ 既：已经。
④ 亡郑：使郑亡。
⑤ 敢以烦执事：冒昧地拿（亡郑这件事）麻烦您。这是客气的说法。执事，用这件事。
⑥ 越国以鄙（bǐ）远：越过别国而把远地当作边邑。越，越过。鄙，边邑。这里用作动词。
⑦ 焉用亡郑以陪邻：怎么要用灭掉郑国来给邻国（晋国）增加（土地）呢？焉，哪里，怎么。以，来。陪，同"倍"，增加。
⑧ 行李：也作"行吏"，外交使节。
⑨ 共（gōng）：通"供"，供给。
⑩ 尝为晋君赐矣：曾经给予晋君恩惠（指秦穆公曾派兵护送晋惠公回国）。尝，曾经。为，给予。赐，恩惠。
⑪ 朝济而夕设版焉：（晋惠公）早上渡过黄河（回国），晚上就筑城防御。济，渡河。设版，指筑墙。版，筑土墙用的夹板。
⑫ 厌：满足。
⑬ 东封郑：在东边让郑国成为晋国的边境。封，疆界，这里用作动词。
⑭ 肆其西封：扩展它西边的疆界。指晋国灭郑以后，必将图谋秦国。肆，延伸，扩张。封，疆界。
⑮ 阙：使……减损。
⑯ 盟：结盟。
⑰ 戍：守卫。
⑱ 还：撤军回国。
⑲ 因：依靠。
⑳ 敝：损害。
㉑ 知：通"智"，明智。
㉒ 以乱易整，不武：用混乱相攻取代联合一致，是不勇武的。
㉓ 吾其还也：我们还是回去吧。其，表商量或希望的语气，还是。
㉔ 去之：离开郑国。

内容解析

《烛之武退秦师》是记述行人辞令的散文，形象鲜明，语言优美，层次分明、组织严密，说理透彻、逻辑有力，是《左传》乃至中国文学史上一篇优秀的范文。

公元前630年，秦、晋大军借口郑国曾对晋文公无礼且与楚国亲近，而合攻郑国。郑国危如累卵，受命于危难之际的烛之武前往敌国交涉，于强秦面前，他不卑不亢，能言善辩，不费一兵一卒，不动一刀一枪，却使秦晋两国盟散约毁，两支人马自动撤离。听智者发声，你是否学会了游说的智慧呢？

字词驿站

给以下加点字注音。

秦军氾（　　）南　　夜缒（　　）而出　　佚（　　）之狐
共（　　）其乏困　　若不阙（　　）秦　　许君焦瑕（　　）
秦伯说（　　）　　　失其所与（　　）　　不知（　　）

挖掘信息听话听音

知识殿堂

一、弦外之音，连连看。

（1）耳边风　　a. 比喻在中间调和说合，使双方都同意。
（2）打圆场　　b. 比喻有重大历史意义的事件。
（3）里程碑　　c. 比喻对某件事态度冷淡，说风凉话。
（4）泼冷水　　d. 比喻暗中破坏对方的基础。
（5）挖墙脚　　e. 比喻对方所说的话无足轻重，不值一听。

二、察言观色，读懂"脸语"。

每个人的脸都是反映内心活动的"显示器"，倾听者要善于观察，从面部表情捕获倾听信息。通过观察，画一画以下倾听表情。

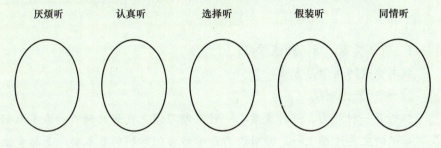

厌烦听　　认真听　　选择听　　假装听　　同情听

 能力训练

一、本文课题"烛之武退秦师"，在"退"前面加一个词或者短语，使文意更加明确。

烛之武（　　）退秦师

二、从"秦、晋围郑，郑既知亡矣。若亡郑而有益于君，敢以烦执事。越国以鄙远，君知其难也。焉用亡郑以陪邻？邻之厚，君之薄也。若舍郑以为东道主，行李之往来，共其乏困，君亦无所害"这些话中，秦伯听出了什么？

一、结合游说语境，揣摩文中各角色对话时的语气语调，并演给同学听。

二、烛之武为什么能三言两语退秦师，其游说妙在何处，你听出来了吗？

三、听了烛之武临危受命、智退敌兵的故事，说说你最欣赏烛之武的哪一点。

拓展延伸

听名师谈学习

1. 听话听音,听名师谈学习。
魏书生老师谈学习方法。
2. 倾听能力测试。

倾听是一种能力、一种素质、一种思维习惯。良好的倾听能力是人们获取知识的主要途径之一,倾听能力是学好各门学科的基本功;是尊重他人、关爱他人的行为;是与人交往的一种能力也是一个人心理健康的表现。测一测你是否有良好的倾听能力呢?

请回答以下15个题目。对每个问题回答是或否,请根据你在最近的沟通中的表现真实填写。

(　　)1. 我常常试图同时听几个人的交谈。
(　　)2. 我喜欢别人只给我提供事实,让我自己做出解释。
(　　)3. 我有时假装自己在认真听别人说话。
(　　)4. 我认为自己是语言沟通方面的高手。
(　　)5. 我常常在别人说话之前就知道他要说什么。
(　　)6. 如果我不想和某人交谈,我常常通过注意力不集中的方式结束谈话。
(　　)7. 我常常用点头、皱眉等方式让说话人了解我对他说话内容的感觉。
(　　)8. 常常别人刚说完,我就紧接着谈自己的看法。
(　　)9. 别人说话的同时,我也在评价他的内容。
(　　)10. 别人说话的同时,我常常在思考接下来我要说的内容。
(　　)11. 说话人的谈话风格常常会影响到我对内容的倾听。
(　　)12. 为了弄清对方所说的内容,我常常采取提问的方法,而不是进行猜测。
(　　)13. 为了理解对方的观点,我总会下功夫。
(　　)14. 我常常听到自己希望听到的内容,而不是别人表达的内容。
(　　)15. 当我和别人意见不一致时,大多数人认为我理解了他们的观点和想法。

倾听测试揭秘

综合实践活动

珍惜职业生涯的学习阶段主题活动

——倾听×××（或本校就业创业典型）珍惜学习机会的故事

活动描述

本活动是根据单元倾听技巧目标设计的课外活动。通过倾听身边人珍惜学习机会的故事，掌握倾听的技巧，学会制订倾听计划，记录倾听要点，整理倾听记录，同时了解讲话人的内心世界，提高个人的观察能力和与人沟通的能力。从而提高职业活动中的交际能力。

活动目的

1. 了解讲述者的学习经历，理解他们的精神世界，学习他们身上的品质，增强自我学习意识。
2. 掌握倾听的技巧，提高倾听能力、观察能力和与人沟通的能力。
3. 培养团队合作意识。

活动流程

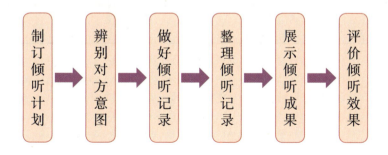

制订倾听计划 → 辨别对方意图 → 做好倾听记录 → 整理倾听记录 → 展示倾听成果 → 评价倾听效果

活动建议

1. 选好倾听对象，可以是影视、文化名人，也可以是身边先进人物，还可以是学校的同学、老师、领导，保证活动的可实现性。

2．教师要做好宏观指导，避免活动偏离主题。

3．活动可以分小组进行，计划、记录每组一份，既可以避免拖沓延时，也能提升每位同学的能力。

4．倾听过程和成果展示最好录制视频，以便有针对性地指导反馈。

活动评价

本活动结束之后，依据以下项目，对各小组做出相应评价。

倾听珍惜学习故事活动评价表

组号	倾听计划		倾听记录					倾听展示	综合评价		
			记录内容				书写规范				
	整体设计	完成时间	完整	流畅	准确	深刻		完成时间	优	良	一般
1											
2											
3											
4											
5											
6											
…											

第二单元

DIERDANYUAN

单元导语

本单元学习重点是口语交际语言的特点与技巧。

《卖白菜》是诺贝尔文学奖获得者莫言的散文，其自然朴素又充满真情的语言风格为我们提供了学习语言的范本。文章精心截取了"卖白菜"这一典型生活片段，以事抒情，凸显了母爱的深沉。《我有一个梦想》是美国黑人民权领袖马丁·路德·金的一篇精彩演讲词。文中多种修辞的运用使得演讲激情澎湃、文采斐然。《威尼斯商人》节选的部分戏剧冲突激烈，鲍西亚以其睿智的语言切中要害、化解矛盾。学习本文要抓住戏剧冲突，品味极具特色的戏剧语言，把握人物的典型性格。《子路、曾皙、冉有、公西华侍坐》描述了孔子与其弟子"谈志"的场景，人物语言极具个性化特点。学习重点是掌握人物语言彰显性格的写法，进而深入理解儒家"礼治"的政治理想。

第 5 课　卖白菜[①]

莫　言[②]

学习目标

1. 抓住矛盾冲突，通过人物对话分析人物形象；
2. 了解沟通的多种方式，挖掘人物内心语言，学会真情表达；
3. 体会浓浓亲情，讲诚信，悟感恩。

> **小贴士**
>
> 沟者，构筑管道也；通者，顺畅也。沟通的模式分为语言沟通和肢体语言沟通两种。

　　1967年冬天，我12岁那年，临近春节的一个早晨，母亲苦着脸，心事重重地在屋子里走来走去，时而揭开炕席的一角，掀动几下铺炕的麦草；时而拉开那张老桌子的抽屉，扒拉几下破布头烂线团。母亲叹息着，并不时把目光抬高，瞥一眼那三棵吊在墙上的白菜。最后，母亲的目光锁定在白菜上，端详着，终于下了决心似的，叫着我的乳名，说：

　　"社斗，去找个篓子来吧……"

　　"娘，"我悲伤地问："您要把它们……"

　　"今天是大集。"母亲沉重地说。

　　"可是，您答应过的，这是我们留着过年的……"话没说完，我的眼泪就涌了出来。

　　母亲的眼睛湿漉漉的，但她没有哭，她有些恼怒地说："这么大的汉子了，动不动就抹眼泪，像什么样子！"

　　"我们种了一百零四棵白菜，卖了一百零一棵，只剩下这三棵了……说好了留着过年的，说好了留着过年包饺子的……"我哽咽着说。

> **小贴士**
>
> 交谈是以两个或几个人之间的谈话为基本形式，以对话为基本形态，包括交谈主体、交谈客体、交谈内容三个方面。

---

① 选自《莫言文集·小说的气味》（当代世界出版社2004年版），有删节。
② 莫言：当代作家，2012年诺贝尔文学奖获得者，第八届茅盾文学奖得主。主要作品有《红高粱》《檀香刑》《生死疲劳》《丰乳肥臀》《透明的红萝卜》《四十一炮》《酒国》等。

母亲靠近我，掀起衣襟，擦去了我脸上的泪水。我把脸伏在母亲的胸前，委屈地抽噎①着。我感到母亲用粗糙的大手抚摸着我的头，我嗅到了她衣襟上那股揉烂了的白菜叶子的气味。从夏到秋、从秋到冬，在一年的三个季节里，我和母亲把这一百零四棵白菜从娇嫩的芽苗，侍弄成饱满的大白菜，我们撒种、间苗、除草、捉虫、施肥、浇水、收获、晾晒……每一片叶子上都留下了我们的手印……但母亲却把它们一棵棵地卖掉了……我不由得大哭起来。

透过朦胧的泪眼，我看到母亲把那棵最大的白菜从墙上钉着的木橛子上摘了下来。母亲又把那棵第二大的摘下来。最后，那棵最小的、形状圆圆像个和尚头的也脱离了木橛子，挤进了篓子里。我熟悉这棵白菜，就像熟悉自己的一根手指。因为它生长在最靠近路边那一行的拐角的位置上，小时被牛犊或是被孩子踩了一脚，所以它一直长得不旺，当别的白菜长到脸盆大时，它才有碗口大。发现了它的小和可怜，我们在浇水施肥时就对它格外照顾。我曾经背着母亲将一大把化肥撒在它的周围，但第二天它就打了蔫。母亲知道了真相后，赶紧地将它周围的土换了，才使它死里逃生。后来，它尽管还是小，但卷得十分饱满，收获时母亲拍打着它感慨地对我说："你看看它，你看看它……"在那一瞬间，母亲的脸上洋溢着珍贵的欣喜的表情，仿佛拍打着一个历经磨难终于长大成人的孩子。

集市在邻村，距离我们家有三里远。寒风凛冽，有太阳，很弱，仿佛随时都要熄灭的样子。不时有赶集的人从我们身边超过去。我的手很快就冻麻了，以至于当篓子跌落在地时我竟然不知道。篓子落地时发出了清脆的响声，篓底有几根蜡条跌断了。那棵最小的白菜从篓子里跳出来，滚到路边结着白冰的水沟里。我知道闯了大祸，站在篓边，哭着说："我不是故意的，我真的不是故意的……"母亲将那棵白菜放进篓子，原本是十分生气的样子，但也许是看到我哭得真诚，也许是看到了我黑黢黢②的手背上那些已经溃烂的冻疮，母亲的脸色缓和了，没有打我也没有再骂我，只是用一种让我感到温暖的腔调说："不中用，把饭吃到哪里去了？"然后母亲就蹲下身，将背篓的木棍搭上肩头，我在后边帮扶着，让她站直了身体。

终于挨到了集上。母亲让我走，去上学，我也想走，但我看到一个老太太

---

① 抽噎（chōu yē）：抽咽；抽搭，指一吸一顿地哭泣。
② 黑黢黢（qū）：很黑或很暗。

朝着我们的白菜走了过来。她用细而沙哑的嗓音问白菜的价钱。母亲回答了她。她摇摇头，看样子是嫌贵。但是她没有走，而是蹲下，揭开那张破羊皮，翻动着我们的三棵白菜。她把那棵最小的白菜上那半截欲断未断的根拽了下来。然后她又逐棵地戳着我们的白菜，用弯曲的、枯柴一样的手指。她撇着嘴，说我们的白菜卷得不紧。母亲用忧伤的声音说："大婶子啊，这样的白菜您还嫌卷得不紧，那您就到市上去看看吧，看看哪里还能找到卷得更紧的吧。"

我对这个老太太充满了恶感，你拽断了我们的白菜根也就罢了，可你不该昧着良心说我们的白菜卷得不紧。我忍不住冒出了一句话："再紧就成了石头蛋子了！"

老太太抬起头，惊讶地看着我，问母亲："这是谁？是你的儿子吗？"

"是老小，"母亲回答了老太太的问话，转回头批评我，"小小孩儿，说话没大没小的！"

老太太将她胳膊上挎着的柳条篼篼①放在地上，腾出手，撕扯着那棵最小的白菜上那层已经干枯的菜帮子。我十分恼火，便刺她："别撕了，你撕了让我们怎么卖？"

"你这个小孩子，说话怎么就像吃了枪药一样呢！"老太太嘟哝着，但撕扯菜帮子的手却并不停止。

"大婶子，别撕了，放到这时候的白菜，老帮子脱了五六层，成了核了。"母亲劝说着她。

她终于还是将那层干菜帮子全部撕光，露出了鲜嫩的、洁白的菜帮。在清冽的寒风中，我们的白菜散发出甜丝丝的气味。这样的白菜，包成饺子，味道该有多么鲜美啊！老太太搬着白菜站起来，让母亲给她过秤。母亲用秤钩子挂住白菜根，将白菜提起来。老太太把她的脸几乎贴到秤杆上，仔细地打量着上面的秤星。我看着那棵被剥成了核的白菜，眼前出现了它在生长的各个阶段的模样，心中感到阵阵忧伤。

终于核准了重量，老太太说："俺可是不会算账。"

母亲因为偏头痛，算了一会儿也没算清，对我说："社斗，你算。"

我找了一根草棒，用我刚刚学过的乘法，在地上划算着。

我报出了一个数字，母亲重复了我报出的数字。

"没算错吧？"老太太用不信任的目光盯着我说。

---

① 篼篼（yuān dōu）：是胶东地区乡村用于盛粮食和食物的用具，用柳条编成。

第 5 课　卖白菜

"你自己算就是了。"我说。

"这孩子，说话真是暴躁！"老太太低声嘟哝着，从腰里摸出一个肮脏的手绢，层层地揭开，露出一叠纸票，然后将手指伸进嘴里，沾了唾沫，一张张地数着。她终于将数好的钱交到母亲的手里。母亲也一张张地点数着。

等我放了学回家后，一进屋就看到母亲正坐在灶前发呆。那个蜡条篓子摆在她的身边，三棵白菜都在篓子里，那棵最小的因为被老太太剥去了干帮子，已经受了严重的冻伤。我的心猛地往下一沉，知道最坏的事情已经发生了。母亲抬起头，眼睛红红地看着我，过了许久，用一种让我终生难忘的声音说：

"孩子，你怎么能这样呢？你怎么能多算人家一毛钱呢？"

"娘，"我哭着说，"我……"

"你今天让娘丢了脸……"母亲说着，两行眼泪就挂在了腮上。

这是我看到坚强的母亲第一次流泪，至今想起，心中依然沉痛。

内容解析

莫言的文字朴实、真挚，字里行间流露出他对生活的独特感悟。本文讲述了特殊年代里农民生活的一角钱的艰辛与酸楚，但母亲坚强的脊梁却支撑了这一代人的精神。迫于生活的无奈，母亲决定卖掉最后的三棵白菜，在集市面对挑剔的老太太，"我"多算了一角钱，事后白菜被退回，母亲第一次流下了伤心的眼泪，"我"至今心中依然沉痛。

字词驿站

给下列加点字注音。

狭隘（　　）　　　泾（　　）渭（　　）分明

潜（　　）心　　　木橛（　　）子

蔫（　　）　　　　噎（　　）

绺（　　）　　　　乍（　　）

沟通与谈

知识殿堂

填空。

沟通的模式分为_____和肢体语言沟通两种。肢体语言，又称身体语言，是指通过头、眼、颈、手、肘、臂、身、胯、足等人体部位的协调活动来传达人物的思想，形象地表情达意的一种沟通方式。诸如鼓掌表示_____，顿足代表_____，搓手表示焦虑，垂头代表_____，摊手表示_____，捶胸代表痛苦。

一、在整个沟通过程中，倾听应占 50% 的时间，积极的聆听才能更好地沟通。文中母亲与我的对话中出现多处省略号，你能将省略的内容听懂并说出来吗？

1. 最后，母亲的目光锁定在白菜上，端详着，终于下了决心似的，叫着我的乳名，说：

"社斗，去找个篓子来吧……"

"可是，您答应过的，这是我们留着过年包饺子的……"话没说完，我的眼泪就涌了出来。

2. "孩子，你怎么能这样呢？你怎么能多算人家一毛钱呢？"

"娘，"我哭着说："我……"

"你今天让娘丢了脸……"母亲说着，两行眼泪就挂在了腮上。

二、对于老太太的行为,"我"与母亲的态度有何不同?母亲为什么能容忍老太太的挑剔行为?这对你有什么启发吗?

我十分恼火,便刺她:"别撕了,你撕了让我们怎么卖?!"

"大婶子,别撕了,放到这时候的白菜,老帮子脱了五六层,成了核了。"母亲也劝说着她。

三、哪些肢体语言体现出母亲的内心情感?请写出母亲此时的内心语言。

母亲苦着脸,心事重重地在屋子里走来走去,时而揭开炕席的一角,掀动几下铺炕的麦草,时而拉开那张老桌子的抽屉,扒拉几下破布头烂线团。母亲叹息着,并不时把目光抬高,瞥一眼那三棵吊在墙上的白菜。

突破自我

案例一

曾国藩的奏折

清朝末期,曾国藩奉命与太平天国农民革命军打仗,开始时曾国藩的部队屡败。在给皇上写奏折汇报战事时,其中有句话写道"臣屡战屡败"。这时旁边的参谋大臣说:"大帅,您可不能这么写,这么写是会被杀头的!"曾国藩问道:"那我该怎么写呢?"参谋大臣说:"只是改变一下顺序即可,'屡战屡败'改为'屡败屡战'。"

奏折中的文字只是顺序不同,但是含义大不相同,请你试着分析其中的不同。

案例二

上海某外贸公司决定向社会公开招聘5名业务管理人员。最后剩下了30人。为了感谢应聘者对公司的厚爱,将在某酒家设宴招待,以示谢忱。

宴会在热烈的气氛中进行。几位总经理坐在应聘者中间,相互频频举杯,互作酬答,你来我往,笑语欢声,满堂生辉……

A出言不凡:"×经理,你只要录用我,两年之内,我保证给你赚几十万。"

B是破釜沉舟而来:"×经理,我这次是横下一条心来报名应聘的,我已向原单位辞了职,我坚信,凭我的水平,你们一定会录用我的……"

C苦苦哀求:"×经理,搞外贸是我多少年来的愿望,这次如再不能如愿,我可真……"

D走到经理面前举杯致辞:"×经理,能结识您很荣幸,我十分愿意为贵公司效力。但如果确因名额所限使我不能效力帐下,我也不会气馁,我会继续奋斗,我想如果不能成为您的助手,那我一定要当您的对手……"

如果你是主考官,你将录用谁,淘汰谁?为什么?

拓展延伸

讲故事的人

2012年10月11日,诺贝尔文学奖揭晓,中国作家莫言获奖。莫言12月7日发表获奖演讲,题目是"讲故事的人"。莫言以回忆母亲为线索,讲述了他本人记忆中最早的、最痛苦的、最深刻、最后悔的四件事。

第 6 课　我有一个梦想①

马丁·路德·金②

学习目标

1. 了解演讲的背景，理解主要内容，在反复诵读中体会演讲词的特点；
2. 体会演讲词的思想性与艺术性、鼓动性与形象性相结合的特点，尤其要体会全文激情飞扬、极富感召力的语言特点，提高演讲能力；
3. 体悟马丁·路德·金为自由、民主、平等而献身的崇高精神。

> **小贴士**
>
> 演讲是以一对多来传递信息的，因此演讲的语言必须具备准确性、简洁性、通俗性和生动性等特征。

　　一百年前，一位伟大的美国人③签署了《解放黑奴宣言》，今天我们就是在他的雕像前集会。这一庄严宣言犹如灯塔的光芒，给千百万在那摧残生命的不义之火中受煎熬的黑奴带来了希望。它之到来犹如欢乐的黎明，结束了束缚黑人的漫漫长夜。

　　然而一百年后的今天，我们必须正视黑人还没有得到自由这一悲惨的事实。一百年后的今天，在种族隔离的镣铐和种族歧视的枷锁下，黑人的生活备受压榨；一百年后的今天，黑人仍生活在物质充裕的海洋中一个穷困的孤岛上；一百年后的今天，黑人仍然蜷缩在美国社会的角落里，并且，意识到自己是故土家园中的流亡者。今天我们在这里集会，就是要把这种骇人听闻④的情况公之于众。

　　就某种意义而言，今天我们是为了要求兑现诺言而汇集到我们国家的首

---

① 选自《我有一个梦想》（中央编译出版社2001年版），有改动。
② 马丁·路德·金（1929—1968）：牧师，美国非裔民权领袖，1964年获贝尔和平奖。1963年8月28日，为争取民权，25万黑人在华盛顿林肯纪念堂前举行盛大集会，马丁·路德·金在会上发表了这篇演说。1968年4月4日他在田纳西州被种族主义分子枪杀。
③ 一位伟大的美国人：指美国第16任总统林肯。
④ 骇人听闻：使人听了感到十分震惊。

都来的。我们共和国的缔造者草拟宪法和独立宣言时，曾以气壮山河的词句向每一个美国人许下了诺言，他们承诺给予所有的人以不可剥夺的生存自由和追求幸福的权利。

就有色公民而论，美国显然没有实践她的诺言。美国没有履行这项神圣的义务，只是给黑人开了一张空头支票，支票上盖上"资金不足"的戳子后便退了回来。但是我们不相信正义的银行已经破产，我们不相信，在这个国家巨大的机会之库里已没有足够的储备。因此今天我们要求将支票兑现——这张支票将给予我们宝贵的自由和正义的保障。

我们来到这个圣地也是为了提醒美国，现在是非常急迫的时刻。现在绝非侈谈冷静下来或服用渐进主义①的镇静剂的时候。现在是实现民主诺言的时候，现在是从种族隔离的荒凉阴暗的深谷攀登种族平等的光明大道的时候，现在是把我们的国家从种族不平等的流沙中拯救出来，置于兄弟情谊的磐石上的时候，现在是向上帝所有的儿女开放机会之门的时候。

如果美国忽视时间的迫切性和低估黑人的决心，那么，这对美国来说，将是致命伤。自由和平等的爽朗秋天如不到来，黑人义愤填膺②的酷暑就不会过去。1963年并不意味着斗争的结束，而是开始。有人希望，黑人只要撒撒气就会满足；如果国家安之若素③，毫无反应，这些人必会大失所望的。黑人得不到公民的权利，美国就不可能有安宁或平静；正义的光明的一天不到来，叛乱的旋风就将继续动摇这个国家的基础。

但是对于等候在正义之宫门口的心急如焚④的人们，有些话我是必须说的。在争取合法地位的过程中，我们不要采取错误的做法。我们不要为了满足对自由的渴望而抱着敌对和仇恨之杯痛饮。我们斗争时必须永远举止得体，纪律严明。我们不能容许我们的具有崭新内容的抗议蜕变为暴力行动。我们要不断地升华到以精神力量对付物质力量的崇高境界中去。

现在黑人社会充满着了不起的新的战斗精神，但是我们却不能因此而不信任所有的白人。因为我们的许多白人兄弟已经认识到，他们的命运与我们

---

① 渐进主义：美国民权运动中的保守主张，号召人们按部就班行事，不要采取过激的行动。
② 义愤填膺（yīng）：由不义的人或者事情所激起的愤怒之情充满胸膛。
③ 安之若素：对于困难危险境地或异常情况一如平素，安然处之。
④ 心急如焚：心里急得像火烧一样。形容十分焦急。

第6课　我有一个梦想

的命运是紧密相连的，他们今天参加游行集会就是明证；他们的自由与我们的自由是息息相关的。我们不能单独行动。

当我们行动时，我们必须保证向前进。我们不能倒退。现在有人问热心民权运动的人："你们什么时候才能满足？"

只要黑人仍然遭受警察难以形容的野蛮迫害，我们就绝不会满足。

只要我们在外奔波而疲乏的身躯不能在公路旁的汽车旅馆和城里的旅馆找到住宿之所，我们就绝不会满足。

只要黑人的基本活动范围只是从少数民族聚居的小贫民区转移到大贫民区，我们就绝不会满足。

只要密西西比仍然有一个黑人不能参加选举，只要纽约有一个黑人认为他投票无济于事①，我们就绝不会满足。

不！我们现在并不满足，我们将来也不满足，除非正义和公正犹如江海之波涛，汹涌澎湃，滚滚而来。

我并非没有注意到，参加今天集会的人中，有些受尽苦难和折磨，有些刚刚走出窄小的牢房，有些由于寻求自由，曾在居住地惨遭疯狂的迫害和打击，并在警察暴行的旋风中摇摇欲坠。你们是人为痛苦的长期受难者。坚持下去吧，要坚决相信，忍受不应得的痛苦是一种赎罪。

让我们回到密西西比去，回到亚拉巴马去，回到南卡罗来纳去，回到佐治亚去，回到路易斯安那去，回到我们北方城市中的贫民区和少数民族居住区去，要心中有数，这种状况是能够也必将改变的。我们不要陷入绝望而不能自拔。

朋友们，今天我对你们说，在现在和未来，我们虽然遭受种种困难和挫折，我仍然有一个梦想。这个梦想是深深扎根于美国的梦想②中的。

我梦想有一天，这个国家会奋起，真正实现其信条的真谛："我们认为真理是不言而喻③的——人人生而平等。"

我梦想有一天，在佐治亚的红山上，昔日奴隶的儿子将能够和昔日奴隶主的儿子坐在一起，共叙兄弟情谊。

我梦想有一天，甚至连密西西比州这个正义匿迹、压迫成风、如同沙漠般的地方，也将变成自由和正义的绿洲。

> **小贴士**
>
> 无数的演讲名篇无不以修辞取胜，演讲中常用的修辞手法有：排比、比喻、反复、夸张、引用等。

---

① 无济于事：对于事情没有什么帮助。济，对事情有益，成。
② 美国的梦想：一个通用的口号，即美国所宣传的赖以立国的民主、平等、自由的思想。
③ 不言而喻：不用说就可以明白。

我梦想有一天，我的四个孩子将在一个不是以他们的肤色，而是以他们的品格优劣来评价他们的国度里生活。

我今天有一个梦想。

我梦想有一天，亚拉巴马州能够有所转变，尽管该州州长现在仍然满口异议，反对联邦法令，但有朝一日，那里的黑人男孩和女孩将能与白人男孩和女孩情同骨肉，携手并进。

我今天有一个梦想。

我梦想有一天，幽谷上升，高山下降，坎坷曲折之路成坦途，圣光披露，满照人间。

这就是我们的希望。我怀着这种信念回到南方。有了这个信念，我们将能从绝望之岭劈出一块希望之石。有了这个信念，我们将能把这个国家刺耳的争吵声，改变成为一支洋溢手足之情的优美交响曲。有了这个信念，我们将能一起工作，一起祈祷，一起斗争，一起坐牢，一起维护自由。因为我们知道，终有一天，我们是会自由的。

在自由到来的那一天，上帝的所有儿女们将以新的含义高唱这支歌："我的祖国，美丽的自由之乡，我为您歌唱。您是父辈逝去的地方，您是最初移民的骄傲，让自由之声响彻每个山冈。"

如果美国要成为一个伟大的国家，这个梦想必须实现。让自由之声从新罕布什尔州的巍峨峰巅响起来！让自由之声从纽约州的崇山峻岭响起来！让自由之声从宾夕法尼亚州的阿勒格尼山的顶峰响起来！

让自由之声从科罗拉多州冰雪覆盖的落基山响起来！让自由之声从加利福尼亚州蜿蜒的群峰响起来！不仅如此，还要让自由之声从佐治亚州的石岭响起来！让自由之声从田纳西州的瞭望山响起来！

让自由之声从密西西比的每一座丘陵响起来！让自由之声从每一片山坡响起来！

当我们让自由之声响起来，让自由之声从每一个大小村庄、每一个州和每一个城市响起来时，我们将能够加速这一天的到来，那时，上帝的所有儿女，黑人和白人，犹太教徒和非犹太教徒，耶稣教徒和天主教徒，都将手携手，合唱一首古老的黑人灵歌："终于自由啦！终于自由啦！感谢全能的上帝，我们终于自由啦！"

第6课　我有一个梦想

内容解析

《我有一个梦想》是美国黑人民权运动领袖马丁·路德·金的演讲词,被称为历史上伟大的演说之一。美国黑人以争取平等自由为目标,发起了声势浩大的民权运动。马丁·路德·金就是这场运动中杰出的领袖。1963年8月28日,在华盛顿林肯纪念堂的林肯雕像前,他面对参加集会的25万人发表了一篇举世闻名的演讲——《我有一个梦想》。

字词驿站

一、给下列加点字注音。

镣（　　）铐　　枷（　　）锁　　骇（　　）人听闻

给（　　）予　　磐（　　）石　　义愤填膺（　　）

蜕（　　）变　　挫（　　）折　　匿（　　）迹

蜿（　　）蜒（　　）

二、下列各组词语中,没有错别字的一项是（　　）。

A. 镣铐　　萎缩　　坚如磐石　　草拟宪法
B. 戳子　　枷锁　　安之若素　　义愤填膺
C. 侈谈　　赎罪　　冰雪覆盖　　倍受压榨
D. 蜕变　　蜿蜒　　挟手并进　　镇静剂

知识殿堂

演讲对语言艺术有较高的要求,因此精美的演讲稿必须讲究修辞。分析下列句子中的修辞手法,并体会其表达效果。

1. 它之到来犹如欢乐的黎明,结束了束缚黑人的漫漫长夜。
（　　）

演讲语言的特点

2．我梦想有一天，幽谷上升，高山下降，坎坷曲折之路成坦途。（　　）

3．有了这个信念，我们将能一起工作，一起祈祷，一起斗争，一起坐牢，一起维护自由。（　　）

4．终于自由啦！终于自由啦！感谢全能的上帝，我们终于自由啦！（　　）

5．美国没有履行这项神圣的义务，只是给黑人开了一张空头支票。（　　）

6．现在是把我们的国家从不平等的流沙中拯救出来，置于兄弟情谊的磐石之上的时候。（　　）

能力训练

一、分析画线词句的表达效果，体会演讲语言独特的魅力。

1．一百年前，一位伟大的美国人签署了《解放黑奴宣言》，今天我们就是在他的雕像前集会。<u>这一庄严宣言犹如灯塔的光芒，</u>给千百万在那摧残生命的不义之火中受煎熬的黑奴带来了希望。

2．自由和平等的<u>爽朗的秋天</u>如不到来，黑人义愤填膺的<u>酷暑</u>就不会过去。

二、以下面文段为内容，用充满感情的语调进行演讲，在此过程中充分体悟作者当时的思想感情。

我梦想有一天，这个国家会站立起来，真正实现其信条的真谛："我们认为这些真理是不言而喻的：人人生而平等。"

我梦想有一天，在佐治亚的红山上，昔日奴隶的儿子能够和昔日奴隶主的儿子坐在一起，共叙兄弟情谊。

我梦想有一天，甚至连密西西比州这个正义匿迹、压迫成风、如同沙漠般的地方，也将变成自由和正义的绿洲。

我梦想有一天，我的四个孩子将在一个不是以他们的肤色，而是以他们的品格优劣来评价他们的国度里生活。

我今天怀有一个梦想。

我梦想有一天，亚拉巴马州会有所转变，尽管该州州长现在仍然满口异议，反对联邦法令，但有朝一日，那里的黑人男孩和女孩将能与白人男孩和女孩情同骨肉，携手并进。

我今天怀有一个梦想。

我梦想有一天，幽谷上升，高山下降，坎坷曲折之路成坦途，圣光披露，满照人间。

这就是我们的希望。我怀着这种信念回到南方。有了这个信念，我们将能从绝望之岭开劈出一块希望之石。有了这个信念，我们将能把这个国家刺耳的争吵声，改变成为一支漾溢手足之情的优美交响曲。有了这个信念，我们将能一起工作，一起祈祷，一起斗争，一起入狱，一起维护自由。因为我们知道，终有一天，我们是会自由的。

在自由到来的那一天，上帝的所有儿女们将以新的含义高唱这支歌："我的祖国，美丽的自由之乡，我为您歌唱。您是父辈逝去的地方，您是最初移民的骄傲，让自由之声响彻每个山冈。"

1. 演讲中连用六个"我梦想有一天"构成排比，请分别说说"梦想"的具体内容。

2. 六个"梦想"的顺序能互换吗？为什么？

3. 请以"我有一个梦想"为开头，造一组排比句。

突破自我

演讲稿具有宣传、鼓动、教育和欣赏作用，演讲语言要准确、通俗、有鼓动性。下面语段是一些精彩的演讲开头或结尾，请找出其中运用的修辞手法。

1．一位伟大领袖，一位文学巨匠，一位画坛宗师，对一幅画的争夺，争出了智慧，争出了才华，更争出了友谊……

2．我们的生活虽不似李白"人生得意须尽欢，千金散尽还复来"的豪迈，但理想让它明亮，奋斗让它真实，收获让它有一片金黄的款款诗意。

用执着打破命运的锁，把生活活出诗意，种下理想，不懈奋斗，相信终会有"雁引愁心去，山衔好月来"的收获！（选自《诗意地生活》）

3．生命是真是善是美，在做出任何原则性的决定的时候，敬畏生命应是一个重要的前提。悖于生命的，必是非正义的，而这种决策也必是一种恶行。所以我们应该停止戕害生命，保存对生命的一份敬畏！（选自《保持对生命的敬畏》）

4．流逝的日子像一片片凋零的枯叶与花瓣，渐去渐远的是青春的纯情与浪漫。不记得曾有多少雨飘在胸前，有多少风响在耳畔，只知道沧桑早已漫进我的心，爬上我的脸。一个人与追求同行时，坎坷便是伴，磨难也是伴。（选自《追求无悔》）

5．联想集团培养人的第一个方法叫作"缝鞋垫"与"做西服"……

拓展延伸

一个善于在演讲中激励学生的"圆梦大师"，一个没有一点架子、任由员工"开涮"的亿万富豪，一个创业伙伴们骑到他头上却不得不服气的校长。请同学们聆听新东方创始人俞敏洪对于"梦想"的认识。

俞敏洪演讲视频

第7课 威尼斯商人①

莎士比亚②

学习目标

1. 了解话剧的有关知识，厘清情节的发展脉络，把握戏剧冲突；
2. 细品台词，体会"话剧是说的艺术"，提高戏剧赏析能力；
3. 了解作者的人文主义理想，学习安东尼奥友情至上、鲍西娅见义勇为的精神。

> **小贴士**
>
> 话剧的基本创作方式是以对话性的语言以及姿态和动作，生动地塑造具有戏剧矛盾冲突的人物形象。

鲍西娅扮律师上。

公爵　把您的手给我。足下是从培拉里奥老前辈那儿来的吗？

鲍西娅　正是，殿下。

公爵　欢迎欢迎，请上坐。您有没有明了今天我们在这儿审理的这件案子的两方面的争点？

鲍西娅　我对于这件案子的详细情形已经完全知道了。这儿哪一个是那商人，哪一个是犹太人？

公爵　安东尼奥，夏洛克，你们两人都上来。

鲍西娅　你的名字就叫夏洛克吗？

夏洛克　夏洛克是我的名字。

鲍西娅　你这场官司打得倒也奇怪，可是按照威尼斯的法律，你的控诉

---

① 节选自《莎士比亚全集》（人民文学出版社1994年版）里的《威尼斯商人》第四幕第一场。主要人物有：安东尼奥（威尼斯商人）、夏洛克（犹太富翁）、巴萨尼奥（安东尼奥好朋友、鲍西娅的丈夫）、鲍西娅（贝尔蒙特富家女儿）。

② 威廉·莎士比亚（1564—1616）：欧洲文艺复兴时期英国伟大的戏剧家和诗人，欧洲文学史上声誉最高、影响最大的作家之一。代表作品有喜剧《仲夏夜之梦》《威尼斯商人》《第十二夜》，历史剧《理查三世》《亨利四世》，悲剧《罗密欧与朱丽叶》《哈姆雷特》《李尔王》《奥赛罗》《麦克白》等。

是可以成立的。（向安东尼奥）你的生死现在操在他的手里，是不是？

安东尼奥　他是这样说的。

鲍西娅　你承认这借约吗？

安东尼奥　我承认。

鲍西娅　那么犹太人应该慈悲一点。

夏洛克　为什么我应该慈悲一点？把您的理由告诉我。

鲍西娅　慈悲不是出于勉强，它是像甘霖一样从天上降下尘世；它不但给幸福于受施的人，也同样给幸福于施与的人；它有超乎一切的无上威力，比皇冠更足以显出一个帝王的高贵：御杖不过象征着俗世的威权，使人民对于君上的尊严凛然生畏；慈悲的力量却高出于权力之上，它深藏在帝王的内心，是一种属于上帝的德性。执法的人倘能把慈悲调剂着公道，人间的权力就和上帝的神力没有差别。所以，犹太人，虽然你所要求的是公道，可是请你想一想，要是真的按照公道执行起赏罚来，谁也没有死后得救的希望，我们既然祈祷着上帝的慈悲，就应该按照祈祷的指点，自己做一些慈悲的事。我说了这一番话，为的是希望你能够从你的法律的立场上做几分让步；可是如果你坚持着原来的要求，那么威尼斯的法庭是执法无私的，只好把那商人宣判定罪了。

夏洛克　我自己做的事，我自己当！我只要求法律允许我照约执行处罚。

鲍西娅　他是不是无力偿还这笔借款？

巴萨尼奥　不，我愿意替他当庭还清；照原数加倍也可以；要是这样他还不满足，那么我愿意签署契约，还他十倍的数目，拿我的手、我的头、我的心做抵押；要是这样还不能使他满足，那就是存心害人，不顾天理了。请堂上运用权力，把法律稍为变通一下，犯一次小小的错误，干一件大大的功德，别让这个残忍的恶魔逞他杀人的兽欲。

鲍西娅　那可不行，在威尼斯谁也没有权力变更既成的法律；要是开了这一个恶例，以后谁都可以借口有例可援①，什么坏事情都可以干了。这是不行的。

夏洛克　一个但尼尔②来做法官了！真的是但尼尔再世！聪明的青年法官啊，我真佩服你！

---

① 有例可援：指引用已有的事例作为自己行动的依据或借口。援，参照。

② 但尼尔：传说中的以色列著名法官，善于处理诉讼案件。

鲍西娅　请你让我瞧一瞧那借约。

夏洛克　在这儿,可尊敬的博士,请看吧。

鲍西娅　夏洛克,他们愿意出三倍的钱还你呢。

夏洛克　不行,不行,我已经对天发过誓啦,难道我可以让我的灵魂背上毁誓的罪名吗?不,把整个儿的威尼斯给我,我都不能答应。

鲍西娅　好,那么就应该照约处罚:根据法律,这犹太人有权要求从这商人的胸口割下一磅肉来。还是慈悲一点,把三倍原数的钱拿去,让我撕了这张约吧。

夏洛克　等他按照约中所载条款受罚以后,再撕不迟。您瞧上去像是一个很好的法官;您懂得法律,您讲的话也很有道理,不愧是法律界的中流砥柱①,所以现在我就用法律的名义,请您立刻进行宣判,凭着我的灵魂起誓,谁也不能用他的口舌改变我的决心。我现在但等着执行原约。

安东尼奥　我也诚心请求堂上从速宣判。

鲍西娅　好,那么就是这样:你必须准备让他的刀子刺进你的胸膛。

夏洛克　啊,尊严的法官!好一位优秀的青年!

鲍西娅　因为这约上所订定的惩罚,对于法律条文的含义并无抵触。

夏洛克　很对很对!啊,聪明正直的法官!想不到你瞧上去这样年轻,见识却这么老练!

鲍西娅　所以你应该把你的胸膛袒露出来。

夏洛克　对了,"他的胸部",约上是这么说的;——不是吗,尊严的法官?——"靠近心口的所在",约上写得明明白白的。

鲍西娅　不错,称肉的天平有没有预备好?

夏洛克　我已经带来了。

鲍西娅　夏洛克,去请一位外科医生来替他堵住伤口,费用归你负担,免得他流血而死。

夏洛克　约上有这样的规定吗?

鲍西娅　约上并没有这样的规定;可是那又有什么相干呢?肯做一件好事总是好的。

夏洛克　我找不到,约上没有这一条。

鲍西娅　商人,你还有什么话说吗?

---

① 中流砥柱:屹立在黄河急流中的砥柱山。比喻坚强独立的人能在动荡艰难的环境中起支柱作用。

安东尼奥　我没有多少话要说，我已经准备好了。把你的手给我，巴萨尼奥，再会吧！不要因为我为了你的缘故遭到这种结局而悲伤，因为命运对我已经特别照顾了：她往往让一个不幸的人在家产荡尽以后继续活下去，用他凹陷的眼睛和满是皱纹的额角去挨受贫困的暮年；这一种拖延时日的刑罚，她已经把我豁免①了。替我向尊夫人致意，告诉她安东尼奥的结局；对她说我怎样爱你，又怎样从容就死；等到你把这一段故事讲完以后，再请她判断一句，巴萨尼奥是不是曾经有过一个真心爱他的朋友。不要因为你将要失去一个朋友而懊恨，替你还债的人是死而无怨的；只要那犹太人的刀刺得深一点，我就可以在一刹那的时间把那笔债完全还清。

巴萨尼奥　安东尼奥，我爱我的妻子，就像我自己的生命一样；可是我的生命、我的妻子以及整个的世界，在我的眼中都不比你的生命更为贵重；我愿意丧失一切，把它们献给这恶魔做牺牲，来救出你的生命。

鲍西娅　尊夫人要是就在这儿听见您说这样话，恐怕不见得会感谢您吧。

葛莱西安诺　我有一个妻子，我可以发誓我是爱她的；可是我希望她马上归天，好去求告上帝改变这恶狗一样的犹太人的心。

尼莉莎　幸亏尊驾在她的背后说这样的话，否则府上一定要吵得鸡犬不宁了。

夏洛克　这些便是相信基督教的丈夫！我有一个女儿，我宁愿她嫁给强盗的子孙，不愿她嫁给一个基督徒。别再浪费光阴了，请快些儿宣判吧。

鲍西娅　那商人身上的一磅肉是你的；法庭判给你，法律许可你。

夏洛克　公平正直的法官！

鲍西娅　你必须从他的胸前割下这磅肉来；法律许可你，法庭判给你。

夏洛克　博学多才的法官！判得好！来，预备！

鲍西娅　且慢，还有别的话哩。这约上并没有允许你取他的一滴血，只是写明着"一磅肉"；所以你可以照约拿一磅肉去，可是在割肉的时候，要是流下一滴基督徒的血，你的土地财产，按照威尼斯的法律，就要全部充公。

葛莱西安诺　啊，公平正直的法官！听着，犹太人！啊，博学多才的法官！

夏洛克　法律上是这样说吗？

> **小贴士**
>
> 面对棘手问题，既要避开锋芒，又要善于敏锐地抓住对方要害，猛攻而胜。

---

① 豁免：指免除捐税、劳役等。

第 7 课　威尼斯商人

　　鲍西娅　你自己可以去查查明白。既然你要求公道，我就给你公道，而且比你所要求的更地道。

　　葛莱西安诺　啊，博学多才的法官！听着，犹太人！好一个博学多才的法官！

　　夏洛克　那么我愿意接受还款，照约上的数目三倍还我，放了那基督徒。

　　巴萨尼奥　钱在这儿。

　　鲍西娅　别忙！这犹太人必须得到绝对的公道。别忙！他除了照约处罚以外，不能接受其他的赔偿。

　　葛莱西安诺　啊，犹太人！一个公平正直的法官，一个博学多才的法官！

　　鲍西娅　所以你准备着动手割肉吧。不准流一滴血，也不准割得超过或是不足一磅的重量；要是你割下来的肉，比一磅略微轻一点或是重一点，即使相差只有一丝一毫，或者仅仅一根汗毛之微，就要把你抵命，你的财产全部充公。

　　葛莱西安诺　一个再世的但尼尔，一个但尼尔，犹太人！现在你可掉在我的手里了，你这异教徒！

　　鲍西娅　那犹太人为什么还不动手？

　　夏洛克　把我的本钱还我，放我去吧。

　　巴萨尼奥　钱我已经预备好在这儿，你拿去吧。

　　鲍西娅　他已经当庭拒绝过了；我们现在只能给他公道，让他履行原约。

　　葛莱西安诺　好一个但尼尔，一个再世的但尼尔！谢谢你，犹太人，你教会我说这句话。

　　夏洛克　难道我单单拿回我的本钱都不成吗？

　　鲍西娅　犹太人，除了冒着你自己生命的危险割下那一磅肉以外，你不能拿一个钱。

　　夏洛克　好，那么魔鬼保佑他去享用吧！我不打这场官司了。

　　鲍西娅　等一等，犹太人，法律上还有一点牵涉你。威尼斯法律规定，凡是一个异邦人企图用直接或间接手段，谋害任何公民，查明确有实据者，他的财产的半数应当归受害的一方所有，其余的半数没入公库，犯罪者的生命悉听公爵处置，他人不得过问。你现在刚巧陷入这个法网，因为根据事实的发展，已经足以证明你确有运用直接间接手段，危害被告生命的企图，所以你已经遭逢着我刚才所说起的那种危险了。快快跪下来，请公爵开恩吧。

　　葛莱西安诺　求公爵开恩，让你自己去寻死吧；可是你的财产现在充了公,一根绳子也买不起啦,所以还是要让公家破费把你吊死。

公爵　让你瞧瞧我们基督徒的精神,你虽然没有向我开口,我自动饶恕了你的死罪。你的财产一半划归安东尼奥,还有一半没入公库;要是你能够诚心悔过,也许还可以减处你一笔较轻的罚款。

鲍西娅　这是说没入公库的一部分,不是说划归安东尼奥的一部分。

夏洛克　不,把我的生命连着财产一起拿了去吧,我不要你们的宽恕。你们拿掉了支撑房子的柱子,就是拆了我的房子;你们夺去了我的养家活命的根本,就是活活要了我的命。

内容解析

节选部分的戏剧冲突是以夏洛克为一方、以安东尼奥等人为另一方,围绕是否"照约执行处罚",即是否"割一磅肉"的契约纠纷进行的。剧本以鲍西娅上场为转机,鲍西娅扮成律师出现在法庭上抓住了契约中的漏洞,使斗争转败为胜。夏洛克最后落得人财两空。智慧与勇气的碰撞以及生动优美的个性化语言,是本文的一个重要亮点。

字词驿站

一、给下列加点字注音。

豁（　）免　　　刽（　）子手　　　履（　）行

处（　）罚　　　磅（　）　　　袒（　）露

祈（　）祷（　）　　　　　　　宁（　）愿

二、解释下列词语并造句。

1. 有例可援

2. 中流砥柱

第7课 威尼斯商人

知识殿堂

反驳对手的技巧有很多，常见的有以下几种：

欲擒故纵　欲擒故纵战术就是先使对方放松警惕，消除其戒备心理，采用迂回曲折的辩论思路，使对方最终落入设好的圈套。

将计就计　这一招是以子之矛攻子之盾。借对方逻辑的力量反攻过去，也就是用对方的论据证明我方的论点。

针锋相对　舌战时,针对对方提出的命题,针锋相对地予以驳斥,击中其要害,直至对方站不住脚败下阵来。在辩论中产生一种闻之震耳、以正压邪的作用。

请问鲍西娅在对付夏洛克时采取了什么对策？

辩论技巧

能力训练

一、填空。

1．厘清下列人物之间的关系：安东尼奥与巴萨尼奥是_____关系，巴萨尼奥与鲍西娅是_____关系，鲍西娅与尼莉莎是_____关系，尼莉莎与葛莱西安诺是_____关系，安东尼奥与夏洛克是_____关系。

2．《威尼斯商人》是_____国杰出戏剧家_____创作的一出著名_____剧，它也是一出_____幕剧。

二、判断下面的台词应出自哪个人物之口，将姓名写在后面的括号内。

1．"把我的生命连着财产一起拿了去吧，我不要你们的宽恕。……你们夺去了我的养家活命的根本，就是活活要了我的命。"（　　）

2．"这约上并没有允许你取他的一滴血，只是写明着'一磅肉'。"
（　　）

3．"不要因为你将要失去一个朋友而懊恨，替你还债的人是死而无怨的。"（　　）

4．"我愿意丧失一切，把它们献给这恶魔做牺牲，来救出你的生命。"
（　　）

三、阅读题。

鲍西娅　那商人身上的一磅肉是你的；法庭判给你，法律许可你。

夏洛克　公平正直的法官！

鲍西娅　你必须从他的胸前割下这磅肉来；法律许可你，法庭判给你。

夏洛克　博学多才的法官！判得好！来，预备！

鲍西娅　且慢，还有别的话哩。这约上并没有允许你取他的一滴血，只是写明着"一磅肉"；所以你可以照约拿一磅肉去，可是在割肉的时候，要是流下一滴基督徒的血，你的土地财产，按照威尼斯的法律，就要全部充公。

葛莱西安诺　啊，公平正直的法官！听着，犹太人！啊，博学多才的法官！

夏洛克　法律上是这样说的吗？

鲍西娅　你自己可以去查查明白。既然你要求公道，我就给你公道，而且比你所要求的更地道。

葛莱西安诺　啊，博学多才的法官！听着，犹太人；好一个博学多才的法官！

夏洛克　那么我愿意接受还款；照约上的数目三倍还我，放了那基督徒。

巴萨尼奥　钱在这儿。

鲍西娅　别忙！这犹太人必须得到绝对的公道。别忙！他除了照约处罚以外，不能接受其他的赔偿。

葛莱西安诺　啊，犹太人！一个公平正直的法官，一个博学多才的法官！

1. 安东尼奥的命运转机出现在哪里？

2. 根据鲍西娅的语言分析她的性格特点。

3. 夏洛克与葛莱西安诺对鲍西娅的称赞如出一辙，这具有怎样的表达效果？

 突破自我

18元8角8分

富裕的欧洲人，轻视我们国家资源少，底子薄，人穷，带有嘲讽意味地问周总理："总理先生，请问中国有多少钱，才能保证每个人吃上饭吃上肉穿上衣？"

面对这挖苦的话，周总理是这样说的："我们新中国用的是人民币，国家的银行存款是18元8角8分。"

当时，我们国家的钱面值只有1分、1角、1元、10元、2分、2角、2元、5分、5角、5元，加起来正好是18元8角8分。

丘吉尔的反击

一次，英国首相丘吉尔在公开场合演讲，从台下递上一张纸条，上面只写了两个字"笨蛋"。

丘吉尔知道台下有反对他的人等着看他出丑，便神色从容地对大家说："刚才我收到一封信，可惜写信人只记得署名，忘了写内容。"

以上两则小故事都体现了语言的机智性，请试着分析。

 拓展延伸

扫一扫二维码，欣赏几则机智幽默的故事，体会分析一下他们的语言交流技巧。

名人机智幽默故事

第 8 课　子路、曾皙、冉有、公西华侍坐①

学习目标

1. 疏通文意，了解四子的志向，理解孔子"礼治"的思想；
2. 能根据对话特点，把握文中所展现的鲜明的人物个性；
3. 鉴析先贤远大之志，树立积极向上的人生观、理想观。

小贴士

人物语言的个性化指符合人物独特的身份、职业、心理等，它具有较强的自我角色意识。

　　子路、曾皙、冉有、公西华侍坐。子曰："以吾一日长乎尔，毋吾以也②。居③则曰：'不吾知也④。'如或知尔，则何以哉⑤？"

　　子路率尔⑥而对曰："千乘之国，摄⑦乎大国之间，加之以师旅，因之以饥馑，由也为之，比及⑧三年，可使有勇，且知方⑨也。"

　　夫子哂⑩之。

　　"求，尔何如？"

　　对曰："方六七十，如⑪五六十，求也为之，比及三年，可使足民。如其礼乐，以俟君子。"

---

① 选自《论语·先进》，标题是编者加的。子路，姓仲，名由；曾皙（xī），名点；冉有，姓冉，名求，字子有；公西华，姓公西，名赤，字子华。这四人都是孔子的弟子。
② 以吾一日长乎尔，毋吾以也：意思是因为我年纪比你们大一点，你们不要认为这样就不说了。以，因为。下面的"以"，认为。尔，你们。
③ 居：平日。
④ 不吾知也：不了解我。
⑤ 则何以哉：那么你们打算做些什么事情呢？以，用、做。
⑥ 率尔：轻率、急切。
⑦ 摄：迫于、夹于。
⑧ 比（bì）及：等到。
⑨ 方：道，指是非准则。
⑩ 哂（shěn）：讥讽地微笑。
⑪ 如：或者。

"赤,尔何如?"

对曰:"非曰能之,愿学焉。宗庙之事,如会同,端章甫①,愿为小相焉。"

"点,尔何如?"

鼓瑟希②,铿③尔,舍瑟而作④,对曰:"异乎三子者之撰⑤。"

子曰:"何伤乎?亦各言其志也!"

曰:"莫⑥春者,春服既成,冠者⑦五六人,童子六七人,浴乎沂⑧,风乎舞雩⑨,咏而归。"

夫子喟⑩然叹曰:"吾与⑪点也。"

三子者出,曾皙后。曾皙曰:"夫三子者之言何如?"

子曰:"亦各言其志也已矣!"

曰:"夫子何哂由也?"

曰:"为国以礼,其言不让⑫,是故哂之。唯求则非邦也与?安见方六七十如五六十而非邦也者?唯赤则非邦也与?宗庙会同,非诸侯而何?赤也为之小,孰能为之大⑬?"

---

① 端章甫:端,古代礼服的名称。章甫,古代礼帽的名称。
② 希:同"稀",指弹瑟的速度放慢,节奏逐渐稀疏。
③ 铿(kēng):铿的一声。
④ 作:起。
⑤ 撰:才能,指为政的才能。
⑥ 莫:同"暮"。
⑦ 冠(guàn)者:成年人。
⑧ 沂:水名。
⑨ 雩(yú):地名。
⑩ 喟(kuì):叹气的样子。
⑪ 与:赞成。
⑫ 让:谦让。
⑬ 赤也为之小,孰能为之大:为之小,之,指诸侯。小,小事,指做小相。大,大事,指治国为政。

内容解析

本文记叙的是孔子和学生们关于立志的谈话。文章先写孔子启发学生谈自己的志向,再叙子路、曾皙、冉有、公西华等人谈自己的志向,最后写孔子对他们的志向所做的评论。

孔子提倡"礼乐治国","礼乐"的目的在于教化,诱导人向善,让社会处于平和的状态中。孔子问志,四个学生的回答,从表面上看来似乎是有所不同,其实都是以"礼治"为中心的。

字词驿站

解释加点的词。

1. 子路、曾皙、冉有、公西华侍坐
2. 千乘之国
3. 愿为小相焉
4. 比及三年
5. 居则曰
6. 端章甫
7. 风乎舞雩
8. 如或知尔

知识殿堂

填写下面表格,分析四贤之志,了解其个性特点。

人物	志向	性格	描写方法
子路			
冉有			
公西华			
曾皙			

世界文学名著中精彩的语言描写选录

能力训练

一、填空。

孔子,名_____,字_____,是春秋末期鲁国陬邑(今山东曲阜)人,被历代统治者尊奉为至圣先师。他是春秋时著名的_____家、_____家,是_____家学派的创始人,传说他有弟子_____人,_____贤人。

《论语》是一部_____体散文集,是孔子的_____和_____所辑录的孔子及其弟子的言行录。《论语》包括《学而》《为政》《里仁》等共_____篇,每篇又分若干章,不相连属;言简意丰,精警诫人。宋儒把《论语》和《_____》《_____》《_____》合称为"四书"。

二、填写下面表格,通过孔子的评析,深入理解其"礼治"的政治理想。

人物	孔子态度	孔子评价
子路		
冉有		
公西华		
曾皙		

突破自我

一、猜职业。

有哥俩闹分家,几天也没分清,就请裁缝、厨师、船老大、车把式四人来说和。这四人觉得事情棘手,于是相邀先到厨师家碰个头,讨论一下。

甲说:"我看咱们去了要快刀斩乱麻,别锅里碗里分不清。"

乙说:"咱们办事不能太偏了,要针过去线过去才行。"

丙接过话茬儿:"咱原先也不是没有管过这号事,前有车,后有辙,别出格就行。"

丁听得不耐烦了："我看别在这里啰唆了，不如到他家再见风使舵。"

厨师的媳妇"扑哧"一声笑了："你们真是三句话不离本行，卖什么的吆喝什么。"

从文中你能看出先后说话的都是谁吗？

二、阅读《颜渊季路侍》一文，回答问题。

颜渊、季路侍。子曰："盍各言尔志？"子路曰："愿车马衣轻裘与朋友共，敝之而无憾。"颜渊曰："愿无伐善，无施劳。"子路曰："愿闻子之志。"子曰："老者安之，朋友信之，少者怀之。"（《公冶长篇第五》）

1. 翻译这篇短文。

2. 结合短文，说说本文体现了孔子怎样的社会理想。

拓展延伸

儒家"礼治"思想

孔子十分重视礼，认为"不学礼，无以立"。孔子主张"克己复礼"，要求人们"非礼勿视，非礼勿听，非礼勿言，非礼勿动"。那么孔子对于礼有怎样的独特理解呢？

综合实践活动

语言医院

活动描述

本单元活动内容是"语言医院",活动分四个环节:望(看图说话)、闻(听说一体)、问(情景问答)、切(切中"语脉")。全班同学分为四组,每组各承包一个主体环节,课前由组长主持筹划并提供健康示例。课上其他各组分派一名同学参与,由承包组诊断说话的"健康指数"并展示健康示例。

活动目的

强化训练学生的口语表达能力,融汇观察、记忆、理解、联想、思辨能力等,让学生深刻意识到口才的训练实质上是思维训练。

活动流程

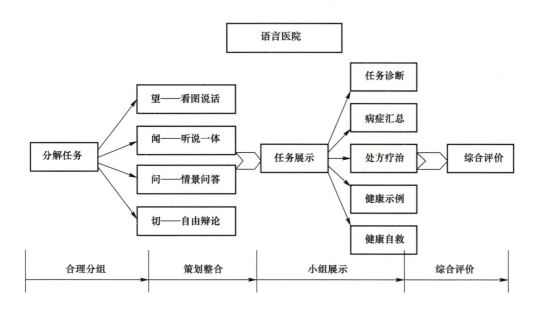

活动建议

1. 小组活动

组员依命题自行搜集资料,组织展示环节。由组长主持全组的策划、搜集整理、展示等各项工作,每组推选优秀代表参与其他环节活动。

2. 难点处理建议

(1) 活动综合性较强,教师应在学生充分交流的基础上,适时点拨,提供多种思路,给学生更大的选择空间。

(2) 学生搜集的资料过于繁杂,教师应事先把关,分类展示。

活动评价

同学们参加活动后,一定有许多感悟。请填写下列表格,总结本次活动的收获。

学生活动评价表

活动名称	语言医院	活动方式	小组合作班级展示	活动时间					
序号	评价内容	自我评价			集体评价			教师评价	
		优	良	一般	优	良	一般	优	良	一般
1	是否积极参与,有无责任感									
2	是否团结协作,组员关系是否协调									
3	查阅资料情况(具体说明)									
4	人人承担任务(有关记录)									
5	运用知识、技能情况(实例说明)									
6	参与活动效果(实例说明)									
总评										

第三单元

DISANDANYUAN

单元导语

本单元以培养和提高阅读技巧为目标。

《荷塘月色》是现代散文中的名篇，堪称借景抒情、情景交融的典范之作，作者借助描写月下如诗如画、情远韵幽的荷塘，为内心的"颇不宁静"寻找到了一处自由的所在。《人生的境界》则是一篇文化随笔，是哲学家冯友兰关于人生意义的思索，从哲学层面阐述了不同层次的人生境界，启发我们对人生的思考。《一碗阳春面》是日本作家粟良平的小说，讲述了一家人共享一碗面的故事，表现了母子三人在逆境中坚忍奋发的精神以及人世间互相理解的温情，语言质朴自然，娓娓道来。《师说》是唐朝古文运动的倡导者韩愈的代表作，文章论述教师的作用和择师的标准，至今看来仍具有十分强烈的现实意义。

欣赏这些意蕴深邃、文辞优美的文章，需要关注作者的不同创作背景和创作风格，或品评语言，或理解重要语句，或梳理情节把握主旨，或分析严密的逻辑，来体会作品丰富的内涵，加深和拓宽我们对于自然、社会、人生等问题的思考和认识。

第 9 课 　荷塘月色

朱自清①

 学习目标

1. 欣赏作者所描绘的荷塘月色的美景，领悟情景交融的写作手法；
2. 品味清新隽永、朴素典雅的语言，学习运用通感、比喻等修辞技巧；
3. 把握全文的感情基调，理解作者在作品中所流露的彷徨苦闷的心境和洁身自好的理想追求。

朱自清的散文，能够贮满一种诗意。
——郁达夫

　　这几天心里颇不宁静。今晚在院子里坐着乘凉，忽然想起日日走过的荷塘，在这满月的光里，总该另有一番样子吧。月亮渐渐地升高了，墙外马路上孩子们的欢笑，已经听不见了；妻在屋里拍着闰儿，迷迷糊糊地哼着眠歌。我悄悄地披了大衫，带上门出去。

　　沿着荷塘，是一条曲折的小煤屑路。这是一条幽僻的路；白天也少人走，夜晚更加寂寞。荷塘四面，长着许多树，蓊蓊郁郁②的。路的一旁，是些杨柳，和一些不知道名字的树。没有月光的晚上，这路上阴森森的，有些怕人。今晚却很好，虽然月光也还是淡淡的。

　　路上只我一个人，背着手踱着。这一片天地好像是我的；我也像超出了平常的自己，到了另一世界里。我爱热闹，也爱冷静；爱群居，也爱独处。像今晚上，一个人在这苍茫的月下，什么都可以想，什么都可以不想，便觉是个自由的人。白天里一定要做的事，一定要说的话，现在都可不理。这是独处的妙处，我且受用这无边的荷香月色好了。

---

① 朱自清（1898—1948）：现代散文家、诗人、学者、民主战士，原籍浙江绍兴。主要作品有《背影》《欧游杂记》等。
② 蓊蓊（wěng wěng）郁郁：树木茂盛的样子。

第9课 荷塘月色

曲曲折折的荷塘上面，弥望①的是田田②的叶子。叶子出水很高，像亭亭的舞女的裙。层层的叶子中间，零星地点缀着些白花，有袅娜③地开着的，有羞涩地打着朵儿的；正如一粒粒的明珠，又如碧天里的星星，又如刚出浴的美人。微风过处，送来缕缕清香，仿佛远处高楼上渺茫的歌声似的。这时候叶子与花也有一丝的颤动，像闪电般，霎时传过荷塘的那边去了。叶子本是肩并肩密密地挨着，这便宛然有了一道凝碧的波痕。叶子底下是脉脉的流水，遮住了，不能见一些颜色；而叶子却更见风致了。

> **小贴士**
> 比喻：又叫"打比方"，即用某些有类似特点的甲事物来比拟乙事物，二者必须本质不同。

月光如流水一般，静静地泻在这一片叶子和花上。薄薄的青雾浮起在荷塘里。叶子和花仿佛在牛乳中洗过一样；又像笼着轻纱的梦。虽然是满月，天上却有一层淡淡的云，所以不能朗照；但我以为这恰是到了好处——酣眠固不可少，小睡也别有风味的。月光是隔了树照过来的，高处丛生的灌木，落下参差的斑驳的黑影；弯弯的杨柳的稀疏的倩影④，却又像是画在荷叶上。塘中的月色并不均匀；但光与影有着和谐的旋律，如梵婀玲⑤上奏着的名曲。

荷塘的四面，远远近近，高高低低都是树，而杨柳最多。这些树将一片荷塘重重围住；只在小路一旁，漏着几段空隙，像是特为月光留下的。树色一例⑥是阴阴的，乍看像一团烟雾；但杨柳的丰姿，便在烟雾里也辨得出。树梢上隐隐约约的是一带远山，只有些大意罢了。树缝里也漏着一两点路灯光，没精打采的，是渴睡人的眼。这时候最热闹的，要数树上的蝉声与水里的蛙声；但热闹是它们的，我什么也没有。

> **小贴士**
> 通感：又叫"移觉"，即在描述事物时，用形象的语言使感觉转移或者互相沟通的修辞格。

忽然想起采莲的事情来了。采莲是江南的旧俗，似乎很早就有，而六朝时为盛；从诗歌里可以约略知道。

于是又记起《西洲曲》⑦里的句子：

采莲南塘秋，莲花过人头；低头弄莲子，莲子清如水。

---

① 弥望：满眼。弥，满。
② 田田：形容荷叶相连的样子，古乐府《江南曲》中有"莲叶何田田"的诗句。
③ 袅娜（niǎo nuó）：柔美的样子。
④ 倩影：美丽的影子。倩，美丽。
⑤ 梵婀玲：英语violin的音译，即小提琴。
⑥ 一例：一概，一律。
⑦ 西洲曲：南朝乐府诗。

今晚若有采莲人，这儿的莲花也算得"过人头"了；只不见一些流水的影子，是不行的。这令我到底惦着江南了。——这样想着，猛一抬头，不觉已是自己的门前；轻轻地推门进去，什么声息也没有，妻已睡熟好久了。

1927年7月，北京清华园。

内容解析

这篇散文写于1927年7月，当时朱自清先生任职于清华大学，描写的是作者为排遣"颇不宁静"的心绪而月夜漫步观赏荷塘的经过。月下的荷塘如诗如画，塘中的月色似梦似诗，营造了一个清幽朦胧的境界，情景交融，作者复杂的心绪暂时得到了超脱。

本文语言朴素典雅、清丽自然，巧用比喻、通感、拟人及叠词等技巧来表情达意，韵律协调，读来朗朗上口，韵味无穷。

字词驿站

给下列加点字注音。

踱步（　　）　　蓊蓊郁郁（　　）　　袅娜（　　）

脉脉（　　）　　梵婀玲（　　）　　酣眠（　　）

知识殿堂

通感和比喻

填空。

通感：又叫（　　），即在描述客观事物时，用形象的语言使感觉转移，将人的（　　）觉、（　　）觉、（　　）觉、（　　）觉、（　　）觉等不同感觉互相沟通、交错，使意象更为活泼、新奇的一种修辞格。

比喻：又叫（　　），本体和喻体二者必须（　　）不同。比喻又可分为（　　）喻、（　　）喻、（　　）喻三类。

第 9 课 荷塘月色

 能力训练

一、仿照例句,用通感的修辞方法造两个句子。

例句:微风过处,送来缕缕清香,仿佛远处高楼上渺茫的歌声似的。

二、请根据课文 3、4、5 自然段的描写,填写下列表格,并试着说说其表达作用。

本体	喻体	完整的句子	二者有何相似点
荷叶			
荷花			
月色			
树色			
路灯光			

三、作者描写了荷塘的哪些景物?"一切景语皆情语",请试着谈谈作者的情绪随着行踪及景物的转变发生了怎样的变化。

突破自我

比较阅读:请将以下文字和《荷塘月色》第四段做比较,试从语言风格和描写侧重点赏析二者有何不同。

现在摆在我面前的就是我楼前池塘里的荷花。自从几个勇敢的叶片跃出水面以后,许多叶片接踵而至。一夜之间,就出来了几十枝,而且迅速地扩散、蔓延。不到十几天的工夫,荷叶已经蔓延得遮蔽了半个池塘。从我撒种的地方出发,向东西南北四面扩展。我无法知道,荷花是怎样在深水中淤泥

里走动。反正从露出水面荷叶来看，每天至少要走半尺的距离，才能形成眼前这个局面。

光长荷叶，当然是不能满足的。荷花接踵而至，而且据了解荷花的行家说，我门前池塘里的荷花，同燕园其他池塘里的，都不一样。其他地方的荷花，颜色浅红；而我这里的荷花，不但红色浓，而且花瓣多，每一朵花能开出十六个复瓣，看上去当然就与众不同了。这些红艳耀目的荷花，高高地凌驾于莲叶之上，迎风弄姿，似乎在睥睨一切。幼时读旧诗："毕竟西湖六月中，风光不与四时同。接天莲叶无穷碧，映日荷花别样红。"爱其诗句之美，深恨没有能亲自到杭州西湖去欣赏一番。现在我门前池塘中呈现的就是那一派西湖景象。是我把西湖从杭州搬到燕园里来了。岂不大快人意也哉！前几年才搬到朗润园来的周一良先生赐名为"季荷"。我觉得很有趣，又非常感激。难道我这个人将以荷而传吗？

（节选自《清塘荷韵》，季羡林，原载于1997年11月13日《人民日报》，曾获第8届"中国新闻奖"副刊作品一等奖。）

拓展延伸

目送

台湾女作家龙应台主张散文的语言不应戴任何面具，认为最好的散文是洗净所有的语言污染，找回语文本来的灵性，把真正的生活体验融进去。这篇散文《目送》，感性叙写亲情，平实的语言散发着灵性的光辉，以特有的深情带给我们智性的启示。

第 10 课 人生的境界

冯友兰[①]

学习目标

1. 筛选文章关键信息,厘清文章思路,梳理出作者所阐释的人生的四种境界;
2. 通过学习本文,感受论证的严密清晰、深入浅出,以及平实准确的语言,加强对重点语句的理解;
3. 思考作为新时代的学生,我们该追求怎样的人生境界。

> **小贴士**
>
> 随笔是散文的一种,形式和内容灵活多样,或讲述文化知识,或发表学术观点,或评析世态人情,启人心智,引人深思。

  我在《新原人》一书中曾说,人与其他动物的不同,在于人做某事时,他了解他在做什么,并且自觉地在做。正是这种觉解[②],使他正在做的事对于他有了意义。他做各种事,有各种意义,各种意义合成一个整体,就构成他的人生境界。如此构成各人的人生境界,这是我的说法。不同的人可能做相同的事,但是各人的觉解程度不同,所做的事对于他们也就各有不同的意义。每个人各有自己的人生境界,与其他任何个人的都不完全相同。若是不管那些个人的差异,我们可以把各种不同的人生境界划分为四个等级。从最低的说起,它们是:自然境界,功利境界,道德境界,天地境界。

  一个人做事,可能只是顺着他的本能或其社会的风俗习惯。就像小孩和原始人那样,他做他所做的事,然而并无觉解,或不甚觉解。这样,他所做的事,对于他就没有意义,或很少意义。他的人生境界,就是我所说的自然境界。

[①] 冯友兰(1895—1990):河南唐河人,中国当代著名哲学家、教育家,著有《中国哲学史史料学初稿》《中国哲学史》等书。

[②] 觉解:了解和自觉。

一个人可能意识到他自己，为自己而做各种事。这并不意味着他必然是不道德的人。他所做的事，其后果可以有利于他人，其动机则是利己的。所以他所做的各种事，对于他，有功利的意义。他的人生境界，就是我所说的功利境界。

还有的人，可能了解到社会的存在，他是社会的一员。这个社会是一个整体，他是这个整体的一部分。有这种觉解，他就为社会的利益做各种事，或如儒家所说，他做事是为了"正其义不谋其利①"。他真正是有道德的人，他所做的都是符合严格的道德意义的道德行为。他所做的各种事都有道德的意义。所以他的人生境界，是我所说的道德境界。

最后，一个人可能了解到超乎社会整体之上，还有一个更大的整体，即宇宙。他不仅是社会的一员，同时还是宇宙的一员。他是社会组织的公民，同时还是孟子所说的"天民②"。有这种觉解，他就为宇宙的利益而做各种事。他了解他所做的事的意义，自觉在做他所做的事。这种觉解为他构成了最高的人生境界，就是我所说的天地境界。

这四种人生境界之中，自然境界、功利境界的人，是人现在就是的人；道德境界、天地境界的人，是人应该成为的人。前两者是自然的产物，后两者是精神的创造。自然境界最低，往上是功利境界，再往上是道德境界，最高是天地境界。它们之所以如此，是由于自然境界，几乎不需要觉解；功利境界、道德境界，需要较多的觉解；天地境界则需要最多的觉解。道德境界有道德价值，天地境界有超道德价值。

照中国哲学的传统，哲学的任务是帮助人达到道德境界和天地境界，特别是达到天地境界。天地境界又可以叫作哲学境界，因为只有通过哲学，获得对宇宙的某些了解，才能达到天地境界。但是道德境界，也是哲学的产物。道德行为，并不单纯是遵循道德律的行为；有道德的人也不单纯是养成某些道德习惯的人。他的行动和生活，都必须觉解其中的道德原理，哲学的任务正是给予他这种觉解。

生活于道德境界的人是贤人，生活于天地境界的人是圣人。哲学教人以怎样成为圣人的方法。成为圣人就是达到人作为人的最高成就。这是哲学的崇高任务。

---

① 正其义不谋其利：语出自《汉书·董仲舒传》。正，匡正。在政治、道德、思想、言论、礼仪等方面，将违反原则、标准或规定的匡正过来，却没有任何功利的目的。

② 天民：明乎天理、适乎天性的贤者。

第10课　人生的境界

在《理想国》中，柏拉图①说，哲学家必须从感觉世界的"洞穴"上升到理智世界。哲学家到了理智世界，也就是到了天地境界。可是天地境界的人，其最高成就，是自己与宇宙同一，而在这个同一中，他也就超越了理智。

中国哲学总是倾向于强调，为了成为圣人，并不需要做不同于平常的事。他不可能表演奇迹，也不需要表演奇迹。他做的都只是平常人所做的事，但是由于有高度的觉解，他所做的事对于他就有不同的意义。换句话说，他是在觉悟状态做他所做的事，别人是在无明②状态做他们所做的事。禅宗③有人说，"觉"字乃万妙之源。由觉产生的意义，构成了他的最高的人生境界。

内容解析

人生的境界是什么？这是千百年来人们思考的问题。冯友兰从哲学角度将人生境界划分为四个等级：自然境界、功利境界、道德境界、天地境界，并且分别进行了阐述，对如何提升人生境界提出了若干途径，可谓哲学视域的生命教育。

本文语言平实准确，论述深入浅出，逻辑严密，思路清晰，这些值得我们关注和借鉴。

字词驿站

下列各组词语中，没有错别字的一项是（　　）。

A. 觉解　　功利　　蕴藏　　达观
B. 洞穴　　窒息　　夙愿　　亢愤
C. 蒙昧　　赎罪　　留恋　　崇高
D. 简陋　　锁碎　　陶冶　　沧桑

---

① 柏拉图（前427—前347）：古希腊哲学家。
② 无明：佛典中指"痴"或"愚昧"，引申为不自觉，没有觉悟。
③ 禅宗：中国佛教宗派之一。以静坐默念为主要修行方法。

知识殿堂

随笔的特点

填空。

随笔属于（　　）的一种，内容和形式（　　），往往旁征博引，不做理论性太强的阐释，行文缜密不失活泼，结构自由不失严谨。因此，富有（　　）是它的突出特色。

能力训练

一、请用课文中的语句或者根据你的理解，试阐释人生四种境界的含义。

1．自然境界：

2．功利境界：

3．道德境界：

4．天地境界：

二、"正是这种觉解，使他正在做的事对于他有了意义"这句话中"觉解"是什么意思？为什么意义的有无取决于觉解与否？

三、为什么生活在功利境界的人，"并不意味着他必然是不道德的人"？

四、冯友兰先生认为，天地境界的人，"他做的都只是平常人所做的事，但是由于有高度的觉解，他所做的事对于他就有不同的意义"，对此你如何理解？

第10课　人生的境界

突破自我

一、分析下列这些"觉解"分别属于哪一重人生境界？

1. 正其义不谋其利，明其道不计其功。《汉书·董仲舒传》

2. 先天下之忧而忧，后天下之乐而乐。《岳阳楼记》（宋）范仲淹

3. 人生自古谁无死？留取丹心照汗青。《过零丁洋》（南宋）文天祥

4. 为天地立心，为生民立命，为往圣继绝学，为万世开太平。（北宋）张载

5. 僵卧孤村不自哀，尚思为国戍轮台。（宋）陆游

6. 日出而作，日落而息，凿井而饮，耕田而食。《击壤歌》（先秦）

7. 书中自有千钟粟，书中自有颜如玉，书中自有黄金屋。《劝学篇》（宋）宋真宗赵恒

8. 生者为过客，死者为归人。天地一逆旅，同悲万古尘。《拟古十二首》（唐）李白

9. 老吾老以及人之老，幼吾幼以及人之幼。《孟子》

10. 仁者乐山，智者乐水。《论语》

二、周恩来总理的"六无"（死不留灰，生而无后，官而不显，党而不私，劳而不怨，去不留言）属于哪种人生境界？你如何看待功利境界？你身边有道德境界和天地境界的人吗？你想成为哪种境界的人？

拓展延伸

　　2010年6月2日，当代著名作家和哲学家周国平先生应邀到北京师范大学进行了题为"人生的境界——丰富、单纯、宁静"的演讲，提出人生的重要使命就是把生命照看好，把心安顿好，唯有如此，生活才有意义。请聆听周国平先生对于"人生境界"的解说。

人生的境界——
丰富、单纯、宁静

第 11 课　一碗阳春面

粟良平[①]

学习目标

1. 厘清情节，分析小说的结构特点。
2. 把握主旨，感悟小说传达的坚定不屈的信念和暖暖的温情。

小贴士

重复，小说中的一种叙事手段，即在小说创作中将一个情节或故事重复使用。

对于面馆来说，最忙的时候，要算是大年夜了。北海亭面馆的这一天，也是从早就忙得不亦乐乎。

平时直到深夜十二点还很热闹的大街，大年夜晚上一过十点，就很宁静了。北海亭面馆的顾客，此时也像是突然都失踪了似的。

就在最后一位顾客出了门，店主要关门打烊[②]的时候，店门被咯吱咯吱地拉开了。一个女人带着两个孩子走了进来。六岁和十岁左右的两个男孩子，一身崭新的运动服。女人却穿着不合时令的斜格子的短大衣。

"欢迎光临。"老板娘迎上前去招呼着。

"……唔……阳春面……一碗……可以吗？"那女人怯生生地问。那两个小男孩躲在妈妈的身后，也怯生生地望着老板娘。

"行啊，请，请这边坐。"老板娘说着，领他们母子三人坐到靠近暖气的二号桌，一边向柜台里面喊着，"阳春面一碗！"听到喊声的老板，抬头瞥了他们三人一眼，应声道，"好——咧！阳春面一碗——"案板上早就准备好的，堆成一座座小山似的面条，一堆是一

---

① 粟良平：日本作家，原名伊藤贡，主要从事童话创作和演讲活动。
② 打烊（yàng）：晚上关门停止营业。

第11课　一碗阳春面

人份，老板抓起一堆面，继而又加了半堆，一起放到锅里。老板娘立刻领悟到，这是丈夫特意多给这母子三人的。

热腾腾香喷喷的阳春面放到桌上，母子三人立即围着这碗面，头碰头地吃了起来。

"真好吃啊！"哥哥说。

"妈妈也吃呀。"弟弟夹了一筷面，送到妈妈的口中。

不一会儿，面吃完了，付了150日元钱。

"承蒙款待。"母子三人一齐点头谢过，出了店门。

"谢谢，祝你们过个好年！"老板和老板娘应声回答着。

过了新年的北海亭面馆，每天照样忙忙碌碌。一年很快过去了。转眼又是大年夜了。

和以前的大年夜一样，忙得不亦乐乎的这一天就要结束了。过了晚上十点，正想关门打烊的时候，店门又被拉开了。一个女人带着两个男孩走了进来。

老板娘看到那女人身上那件不合时令的斜格子短大衣，就想起了去年大年夜的那三位最后的顾客。

"……唔……一碗阳春面……可以吗？"

"请，请里边坐，"老板娘将他们带到去年同样的二号桌，"阳春面一碗——"

"好——咧！阳春面一碗——"老板应声回答着，并将已经熄灭的炉火重又点燃起来。

"喂，孩子他爹，给他们下三碗，好吗？"

老板娘在老板耳边轻声说道。

"不行，如果这样做，他们也许会尴尬的。"

老板说着，抓了一人半份的面下了锅。

桌上放着一碗阳春面。母子三人边吃边谈着，柜台里的老板娘能听他们的声音。

"真好吃……"

"明年还能来吃就好了……"

吃完后，付了150日元钱。老板娘对着他们的背影，"谢谢，祝你们过个好年！"

这一天，被这句说过几十遍乃至几百遍的话送走了。

随着北海亭面馆的生意兴隆，又迎来了第三年的大年夜的晚上。

　　从九点半开始，老板和老板娘虽然谁都没说什么，但都显得有些心神不定。十点刚过，雇工们下班走后，老板和老板娘立刻就把墙上挂着的各种面的价格牌，一一翻了过来，赶紧写好"阳春面150日元。"其实，从今年夏天起，随着物价的上涨，阳春面的价格已经是200日元一碗了。

　　二号桌上，在30分钟以前，老板娘就已经摆好了"预约席"的牌子。

　　到十点半，店里已经没有客人了。但老板和老板娘还在等待着那母子三人的到来。

　　他们来了。哥哥穿着中学生的制服，弟弟穿着去年哥哥穿的那件略大的旧衣服，弟兄两人都长大了，有点认不出来了。母亲还是穿着那件不合时令的有些褪色的短大衣。

　　"欢迎光临。"老板娘笑着迎上前去。

　　"……唔……阳春面两碗……可以吗？"女人怯生生地问。

　　"行，请，请里边坐。"

　　老板娘把他们领到二号桌，若无其事地将桌上的那块"预约席"的牌子藏了起来，对柜台喊着：

　　"阳春面两碗！"

　　"好——咧！阳春面两碗——"

　　老板应声答着，把三碗面的分量放进了锅里。

　　母子三人吃着两碗阳春面，说着，笑着。

　　"大儿，淳儿，今天，我做母亲的想要向你们道谢。"

　　"道谢？向我们……为什么？"

　　"实在是，因为你们的父亲死于交通事故，生前欠下了八个人的钱。我把抚恤金①全部还了债。还不够的部分，就每月五万元分期偿还。"

　　"这些我们都知道呀。"

　　老板和老板娘在柜台里，一动不动，凝神听着。

　　"剩下的债，本来约定到明年三月还清。可实际上，今天就可以全部还清了。"

　　"啊，真的？妈妈？"

　　"是真的。大儿每天送报纸赚钱支持我，淳儿每天买菜烧饭帮助我，所

---

① 抚恤金：发给伤残人员或者死者家属的费用。

以我能够安心工作。因为我努力工作,得到了公司的特别津贴,所以现在能够全部还清债款。"

"好啊!妈妈,哥哥,从现在起,每天烧饭的事还是包给我了。"

"我也继续送报。弟弟,我们一起努力吧!"

"谢谢!真是谢……谢……"

"我和弟弟也有一件事瞒着妈妈,今天可以说了。这是在11月的星期天,我到弟弟学校去参加家长会。这时,弟弟已经藏了一封老师给妈妈的信……弟弟写的作文如果被选为北海道的代表,就能参加全国的作文比赛。正因为这样,家长会那天,老师要弟弟自己朗读这篇作文。老师的信如果给妈妈看了,妈妈一定会向公司请假,去听弟弟朗读作文。于是,弟弟就没有把这封信交给妈妈。这事,我还是从弟弟的朋友那里听来的。所以,家长会那天,是我去了。"

"哦,原来是这样……那后来呢?"

"老师出的作文题目是,《你将来想成为什么样的人》,全体学生都写了。弟弟的作文题目是《一碗阳春面》。一听题目,我就知道是写的北海亭面馆的事。弟弟这家伙,怎么把这种难为情的事写出来,我这么想着。"

"作文写的是,父亲死于交通事故,留下了一大笔债。母亲每天从早到晚拼命工作,我去送早报和晚报……弟弟全都写了出来。接着又写,12月31日的晚上,母子三人吃一碗阳春面,非常好吃……三个人只买了一碗阳春面,可面馆的叔叔阿姨还是很热情地接待了我们,谢谢我们,祝我们过个好年。听到这声音,弟弟的心中不由地喊着:'不能失败!要努力!要好好活着!'因此,弟弟长大成人后,想开一家日本第一的面店,也要对顾客说:'努力吧!祝你幸福!谢谢!'弟弟大声地朗读着作文……"

此刻,柜台里竖着耳朵,全神贯注地听着母子三人说话的老板和老板娘不见了。在柜台的深处,只见他们两人面对面地蹲着,一人一条手巾,各执一端,在擦着那不断夺眶而出的泪水。

"作文读完后,老师说:'今天淳君的哥哥代替他母亲来参加我们的家长会,现在我们请他来说几句话……'"

"这时哥哥说什么……"弟弟疑惑地望着哥哥。

"因为突然被叫上去说话,一开始,我什么也说不出……'诸君一直和我弟弟很要好,在此,我谢谢大家。弟弟每天做晚饭,放弃了俱乐部的活动,中途回家。我做哥哥的,感到很难为情。方才,弟弟的《一碗阳春面》

刚开始读时，我感到很丢脸。但是，当我看到弟弟激动地大声朗读时，我心里更感到羞愧。这时我想，决不能忘记母亲买一碗阳春面的勇气。兄弟们，齐心合力，为保护我们的母亲而努力吧！从今以后，请大家更好地和我弟弟结成朋友。'我就说了这些……"

母子三人，静静地，互相握着手，良久。继而又欢快地笑了起来。和去年相比，像是完全变了模样。

作为年夜饭的阳春面吃完了，付了300日元。

"承蒙款待。"母子三人深深地低头道谢后，走出了店门。

"谢谢，祝你们过个好年！"

老板和老板娘大声地向他们祝福着，目送着他们远去……

又是一年的大年夜降临了。北海亭面馆里，晚上九点一过，二号桌上又摆上了"预约席"的牌子，等待着母子三人的到来。可是，没看到那三人的身影。

一年，又是一年，二号桌始终默默地等待着。可母子三人还是没有出现。

北海亭面馆因为生意越来越兴隆，店内重又进行了装修。桌子、椅子都换了新的。可二号桌却仍然如故。老板夫妇不但没感到不协调，反而把二号桌安放在店堂中央。

"为什么把这张旧桌子放在店堂中央？"有的顾客感到奇怪。

于是，老板夫妇就把"一碗阳春面"的事告诉他们。并说，看到这张桌子，就是对自己的激励。而且说不定哪天那母子三人还会来，这个时候，想用这张桌子来迎接他们。

就这样，关于二号桌的故事，使二号桌成了"幸福的桌子"。顾客们到处传诵着。有人特意从远方赶来。有女学生，也有年轻的情侣，都要到二号桌上吃一碗阳春面。二号桌也因此而名声大振。

时光流逝，年复一年。这一年的大年夜又来到了。

这时，北海亭面馆已经是同一条街的商店会的主要成员。大年夜这天，亲如家人的朋友、近邻、同行，结束了一天的工作后，都来到了北海亭。在北海亭吃了过年面，听着除夕夜的钟声，然后亲朋好友聚集起来，一起到附近的神社去烧香磕头，以求神明保佑在新的一年里万事如意，厄除运开。这种情形，已经有五六年的历史了。

第11课　一碗阳春面

今年的大年夜当然也不例外。九点半一过，以鱼店老板夫妇双手捧着装满生鱼片的大盆子进来为信号，平时亲如家人的朋友们大约三十多人，也都带着酒菜，陆陆续续地会集到北海亭，店里的气氛，一下子热闹起来。

知道二号桌由来的朋友们，嘴里虽然没说什么，可心里都有在想着，今年二号桌也许又要空等了吧。那块"预约席"的牌子，早已悄悄地站在二号桌上。

狭窄的座席之间，客人们一点一点地移动着身子坐下，有人还招呼着迟到的朋友。吃着面，喝着酒，互相夹着菜。有人到柜台里去帮忙，有人随意拉开冰箱拿来东西。什么廉价出售的生意啦，海水浴的艳闻轶事啦，什么添了孙子的事啦。十点半时，北海亭里的热闹气氛到达了顶点。

就在这时，店门被咯吱咯吱地拉开了。人们都向门口望去，屋子里突然静了下来。

两位西装笔挺，手臂上搭着大衣的青年走了进来。这时，大伙都松了口气，随着轻轻的叹息声，店里又恢复了刚才的热闹。

"真不凑巧，店里已经坐满了。"老板娘面带着歉意说。

就在她拒绝两位青年的时候，一位身穿和服的妇人，深深低着头走了进来，站在两位青年的中间。

店里的人们，一下子都屏住了呼吸，耳朵也竖起来了。

"唔……三碗阳春面，可以吗？"穿和服的妇人平静地说。

听了这话，老板娘的脸色一下子变了。十几年前留在脑海中的母子三人的印象，和眼前这三人的形象重叠起来了。

老板娘指着三位来客，目光和正在柜台里找韭菜的丈夫的目光撞到一处。

"啊！……孩子他爹！"

面对不知所措的老板娘，青年中的一位开口了。

"我们就是14年前的大年夜，母子三人共吃一碗阳春面的顾客。那时，就是这一碗阳春面的鼓励，使我们三人同心协力，度过了艰难的岁月。这以后，我们搬到母亲的亲家滋贺县去了。"

"我今年通过了医生的国家考试，现在京都的大学医院里当实习医生。明年四月，我将到札幌的综合医院工作。还没有开面馆的弟弟，现在京都银行里工作。我和弟弟商谈，计划了这生平第一次的奢侈的行动。就这样，今天我们母子三人，特意来拜访，想要麻烦你们烧三碗阳春面。"

边听边点头的老板夫妇，泪珠一串串地掉下来。

坐在靠近门口桌上的蔬菜店老板，嘴里含着一口面听着，直到这时，才把面咽下去，站起身来。

"喂喂！老板娘，你呆站着干什么！这十年的每一个大年夜，你都为等待他们的到来而准备着这十年后的预约席，不是吗？快！请他们上座，快！"

被蔬菜店老板用肩一撞，老板娘这才清醒过来。

"欢……欢迎，请，请坐……孩子他爹，二号桌阳春面三碗——"

"好咧——阳春面三碗——"可泪流满面的丈夫却应不出声来。

店里，突然爆发出一阵欢呼声和鼓掌声。

店外，刚才还在纷纷扬扬地飘着的雪，此刻也停了。皑皑白雪映着明净的窗子，那写着"北海亭"的布帘子，在正月的清风中，摇曳着，飘着……

内容解析

这篇小说创作于1987年，反映的是"二战"后最初几年日本社会普通下层民众的生活，其中蕴藏的触动灵魂的人格力量和人性光辉使这篇小说流传甚广。小说描述了母子三人在困境中仍然充满希望，靠着坚定不屈的信念和不懈的努力最终迎来成功的故事；面馆老板夫妇的淳朴善良、对母子善意的帮助也让人感动。作者通过简单的故事情节、细致的人物对话，彰显了善良、勇敢、奋发和友爱的人性美。

字词驿站

给下列词语注音并解释。

打烊：

轶事：

皑皑：

拮据：

摇曳：

尴尬：

第11课 一碗阳春面

知识殿堂

填空。

　　文学创作中,为刻画人物形象或者营造环境氛围,会采用重复情节或故事的手法来加深层次,递进发展,通常采用的模式有(　　)重复和(　　)重复,但在最后一定要给出一个相对出乎意料的结尾,以造成强烈的艺术反差,引起读者的震撼。

关于"重章复沓"

能力训练

一、小说四次描写同一个时间、同一个地点、同样的阳春面,却不是简单的情节重复,请比较他们每次吃面时的异同。

二、试分析小说中景物描写的作用。

三、母子三人面对困境不屈不挠、奋发进取的精神诚然可贵,你还能从文中哪些人身上感悟到人性美及人情美?

四、小说的标题具有怎样的含义?

突破自我

重复，是艺术上的大忌，特别是情节上的大段重复，往往标志着艺术上的单调和贫乏，然而有意的重复，重复中显出不重复，重复处见出作者独特的艺术匠心，表现出异乎寻常的艺术魅力，则显示了艺术技巧的娴熟与高超。作为文学创作的一种表现形式，重复手法运用巧妙，会有事半功倍的效果。

文本中的重复并不是简单的回环往复，每一次的重复都是意义增值的过程。试分析下面这篇小故事里对于重复手法的运用。

兔子的名片

周锐

现在大家都时兴用名片了，兔子也有了名片。

在口袋里装着名片，兔子心想："这下再不怕那些欺负人的家伙了。"

狐狸拦住了兔子，他说："嗯，想过去吗？得对我笑三笑，要笑得讨人喜欢些，明白吗？"

要是在过去啊，兔子尽管心里只想哭出来，但脸上还是不得不赔上三个笑，少一个笑兔子也不敢呐。

可今天兔子不慌也不忙。它刷地从口袋里掏出一张名片递过去："哎，狐狸先生，请多照应吧。"

狐狸一看，名片上印着：狼的朋友——兔子。

狐狸顿时吃了一惊，心里嘀咕着："没想到兔子成了狼的朋友了。要是欺负了狼的朋友，狼那家伙可不好对付。"

狐狸对兔子说："哎，你真会交朋友，值得庆贺呦。好了，那我就要走了。"

"哎，等等。"兔子拦住了狐狸，说："嗯，你忘了，还没笑三笑呢。"

狐狸连忙说："不用了，不用了。"

"什么'不用'？"兔子说，"你得对我笑三笑，而且要笑得讨人喜欢。"

"行，行！——嘻嘻！嘻嘻！嘻嘻！"

狐狸走掉以后，兔子忍不住大笑起来，而且根本不止笑三笑。

可这时候兔子看见狼向他走来了。

"啊，兔子，"狼不满意地说，"按老规矩你该向我鞠三个躬。怎么，难道要我向你鞠躬吗？嗯？！"

兔子点点头，把自己的名片递了过去。不过这张名片跟刚才的那张可不一样，上面写着：老虎的朋友——兔子。

狼当然不敢得罪老虎，为了避免和老虎结冤家，狼只好向兔子鞠躬。

兔子认真地数着数儿："一个，两个，三个。——好啦，走吧！"

兔子看着狼滑稽的样子，真想再大笑一阵，可是还没有等它笑出口，老虎来了。

兔子知道老虎要来找麻烦，他干脆迎上前去："喂，老虎，你给我磕仨响头吧。""嗯，什么，凭什么？"老虎一瞪眼！

"嗯，就凭这个！"兔子又亮出名片，这张名片上写着：大象的朋友——兔子。

老虎呀，过去被大象的鼻子卷起来摔过，哎呀，别提多疼啦。所以他看见"大象的朋友——兔子"这几个字，只好乖乖地给兔子磕了三个头，他也没有别的办法了。

兔子用了三张名片战胜了狐狸、狼和老虎，它心里想：哎呀，最好不要让我碰见大象。因为它不知道大象怕谁。没有印第四张名片呢。

正想着呢，前方传来沉重地脚步声，咚！咚！咚！咚！真的是大象来了！

在大象庞大的身躯面前，小兔子直发抖，不知道说什么好："对不起！我……我没有名片……"

"哈哈哈，什么名片？！"大象歪着头微笑着，显得非常和气。

……

兔子很高兴，因为和大象见面不需要使用名片了。

拓展延伸

"稻米＋鱼生"是日本基本的饮食文化特征。除此之外，面食也是日本人重要的日常主食。日本的"三大面食"分别是：拉面、乌冬面、荞麦面（阳春面）。其中，荞麦面是最传统也是最具代表性的日本料理。日本人在"除夕之夜"（每年的12月31日晚）都有吃荞麦面的传统，称之为"年越荞麦面"（年越しそば），跟中国部分地区年三十吃饺子类似。

欣赏电影《一碗阳春面》。

电影《一碗阳春面》

第 12 课 　师　说

韩　愈①

学习目标

1. 了解"说"的文体知识；
2. 积累重点文言实词和典型句式；
3. 学习本文论证严密，说理透彻的特点，掌握论证方法和修辞方法的运用。

小贴士

说是古代的一种文体，多以记叙、议论或说明等方式来阐述事理，通常采用以小见大的方法陈述对某个问题的见解。

　　古之学者②必有师。师者，所以传道受业解惑也③。人非生而知之者④，孰能无惑？惑而不从师，其为惑也⑤，终不解矣。生乎⑥吾前，其闻⑦道也固先乎吾，吾从而师之；生乎吾后，其闻道也亦先乎吾，吾从而师之⑧。吾师道也⑨，夫庸知其年之先后生于吾乎⑩？是故⑪无贵无贱，无长无少，道之所存，师之所存⑫也。

---

①韩愈（768—824）：唐代文学家、哲学家、政治家，字退之，河阳（今河南焦作孟州市）人。唐代古文运动的倡导者，被后人尊为"唐宋八大家"之首。著有《韩昌黎集》等。
②学者：求学的人。
③师者，所以传道受业解惑也：老师，是用来传授道理、教授学业、解释疑难问题的人。所以，用来……的。道，指儒家之道。受，通"授"，传授。业，泛指古代经、史、诸子之学及古文写作。
④人非生而知之者：语本《论语·述而》。"子曰：'我非生而知之者，好古敏以求之者也。'"韩愈这里进一步明确没有生而知之的人。
⑤其为惑也：那些成为疑难的问题。其，那，指示代词。
⑥乎：于，在。
⑦闻：听见，引申为知道，懂得。
⑧从而师之：跟随（他），拜他为老师。师，意动用法，以……为师。
⑨吾师道也：我（是向他）学习道理。师，学习。
⑩夫庸知其年之先后生于吾乎：哪管他的年龄比我大还是比我小呢？夫庸，哪里，夫为发语词。知，管。
⑪是故：因此，所以。
⑫道之所存，师之所存：知识、道理存在的地方，就是老师存在的地方。

第12课 师说

嗟乎！师道①之不传也久矣！欲人之无惑也难矣！古之圣人，其出人②也远矣，犹且从师而问焉；今之众人③，其下圣人也亦远矣，而耻学于师④。是故圣益圣，愚益愚⑤。圣人之所以为圣，愚人之所以为愚，其皆出于此乎？爱其子，择师而教之，于其身也，则耻师焉，惑矣⑥！彼童子之师⑦，授之书而习其句读⑧者，非吾所谓传其道解其惑者也。句读之不知，惑之不解，或师焉，或不焉⑨，小学而大遗⑩，吾未见其明也。巫医⑪乐师百工⑫之人，不耻相师。士大夫之族，曰师曰弟子云者，则群聚而笑之。问之，则曰："彼与彼年相若⑬也，道相似也。位卑则足羞⑭，官盛则近谀⑮。"呜呼！师道之不复⑯可知矣。巫医乐师百工之人，君子⑰不齿⑱，今其智乃反不能及，其可怪也欤⑲！

圣人无常师⑳。孔子师郯子㉑、苌弘㉒、师襄㉓、老聃㉔。郯子之徒，其贤不及孔子。孔子曰：三人行，则必有我师㉕。是故弟子不必㉖不如师，师不必贤于弟子，闻道有先后，术业有专攻㉗，如是而已。

---

① 师道：从师学习的风尚。
② 出人：超出（一般）人。
③ 众人：普通人，一般人。
④ 耻学于师：以向老师学习为耻。
⑤ 是故圣益圣，愚益愚：因此圣人更加圣明，愚人更加愚昧。益，更加，越发。
⑥ 惑矣：（真是）糊涂啊！
⑦ 彼童子之师：那些教小孩子的（启蒙）老师。
⑧ 句读（dòu）：也叫句逗。古代称文辞意尽处为句，语意未尽而需停顿处为读（逗）。古代书籍上没有标点，老师教学童读书时要进行句读的教学。
⑨ 或师焉，或不（fǒu）焉：有的请教老师，有的却不问老师。不，通"否"。
⑩ 小学而大遗：小的方面（句读之不知）要学习，大的方面（惑之不解）却遗忘了。
⑪ 巫医：古时巫、医不分，指以看病和降神祈祷为职业的人。
⑫ 百工：泛指手工业者。
⑬ 相若：相似，差不多。
⑭ 位卑则足羞：以地位低（的人为师）则感到耻辱。
⑮ 谀（yú）：奉承，谄媚。
⑯ 复：恢复。
⑰ 君子：即上文的"士大夫之族"。
⑱ 不齿：不屑与之同列，即看不起。
⑲ 其可怪也欤：难道不值得奇怪吗？其，语气词，起加强反问语气的作用。
⑳ 圣人无常师：圣人没有固定的老师。常，固定的。
㉑ 郯（tán）子：春秋时郯国（今山东郯城北）的国君。孔子曾向其请教官职。
㉒ 苌（cháng）弘：东周敬王时候的大夫，孔子曾向他请教古乐。
㉓ 师襄：春秋时鲁国的乐官，名襄，相传孔子曾向他学琴。
㉔ 老聃（dān）：即老子，春秋时楚国人，思想家，道家学派的创始人。孔子曾向他请教礼仪。
㉕ 三人行，则必有我师：语本《论语·述而》。"子曰：'三人行，必有我师焉。择其善者而从之，其不善者而改之。'"
㉖ 不必：不一定。
㉗ 术业有专攻：学问和技艺上各自有专门的研究。攻，学习，研究。

李氏子蟠①，年十七，好古文，六艺经传②皆通习之，不拘于时③，学于余。余嘉④其能行古道，作师说以贻⑤之。

内容解析

《师说》作于唐贞元十八年（公元802年），是韩愈的代表作之一。韩愈是唐代古文运动的倡导者，这篇论文是他写给学生李蟠的，主要是针对魏晋以来由于门第观念的影响而形成的"士大夫之族"耻于从师的不良风气，抨击时弊，弘扬师道，奖掖后学。

本文论点鲜明，结构严谨，运用对比法和例证法，说理透彻，气势磅礴，有极强的说服力和感染力。

字词驿站

解释加点的词。

受业（　　）

句读（　　）

遗（　　）

士大夫之族（　　）

---

① 李氏子蟠（pán）：李蟠，唐德宗贞元十九年（803年）进士。

② 六艺经传（zhuàn）：六艺的经文和传文。六艺，即六经，即《诗》《书》《礼》《乐》《易》《春秋》六部儒家经典。经，六经本文。传，注解经典的著作。

③ 不拘于时：指没有受到时代风气的影响，不受时俗的限制，不以从师学习为耻。时，时俗，指当时士大夫耻于从师的不良风气。

④ 嘉：嘉许，赞赏。

⑤ 贻：赠。

知识殿堂

填空。

说,是古代的一种( ),多以记叙、议论或说明等方式来阐述事理,通常采用( )的方法来陈述作者对某个问题的见解,类似于现代的杂文。

例如:《爱莲说》《马说》《少年中国说》等。

关于"说"

能力训练

一、解释加点字词,了解古今词义的变化。

1. 古之学者必有师
2. 小学而大遗
3. 吾从而师之
4. 无贵无贱
5. 圣人无常师

二、翻译下列句子。

1. 师者,所以传道受业解惑也。
2. 不拘于时。
3. 是故圣益圣,愚益愚。
4. 孔子师郯子。
5. 或师焉,或不焉。

三、下列加点词都有多种含义,试联系上下文说出它们的意义及用法。

传 ⎰ (1) 所以传道受业解惑也
　　⎨ (2) 师道之不传也久矣
　　⎱ (3) 六艺经传

师 ⎰ (1) 古之学者必有师
　　⎨ (2) 不耻相师
　　⎱ (3) 孔子师郯子

四、请指出《师说》中表明教师职能和择师原则的句子，并结合现实谈谈其对于我们的现实意义。

五、背诵全文。

 突破自我

舜发于畎亩之中，傅说举于版筑之间，胶鬲举于鱼盐之中，管夷吾举于士，孙叔敖举于海，百里奚举于市。故天将降大任于斯人也，必先苦其心志，劳其筋骨，饿其体肤，空乏其身，行拂乱其所为，所以动心忍性，曾益其所不能。

人恒过，然后能改；困于心，衡于虑，而后作；征于色，发于声，而后喻。入则无法家拂士，出则无敌国外患者，国恒亡。

然后知生于忧患，而死于安乐也。

（选自《孟子·告子下》）

1．用"／"给下面句子画出朗读节奏。

舜发于畎亩之中

2．解释下列句中加点词语的含义。

①曾益其所不能（　　）

②人恒过，然后能改（　　）

3．上文首段列举古代六位贤士的事例，是为了说明（　　）的道理，文中的中心论点是（　　）。

4．品读文本，谈谈忧患意识有怎样的现实意义？

拓展延伸

  我们常用"不耻下问"这个成语来表达不以向地位、学问较自己低的人请教为可耻,形容虚心好学。这个成语来源于《论语·公冶长》:"敏而好学,不耻下问。"春秋时代的孔子是我国伟大的思想家、政治家、教育家,儒家学派的创始人。人们都尊奉他为圣人。然而孔子认为,无论什么人,包括他自己,都不是生下来就有学问的。

不耻下问

综合实践活动

唯有书香来——美文推介

活动描述

古人说:"人心如良苗,得养乃滋长;苗以泉水灌,心以理义养。一日不读书,胸臆无佳想。一月不读书,耳目失清爽。"读书能拓展我们的眼界,亦能滋养我们的心灵,好的文章更是启迪智慧愉悦精神。今天就让我们来一起分享搜集整理的美文,领略文学之美。本单元活动内容是"美文推介",活动分三个环节:读(美读)、赏(赏析)、学(积累)。

活动目的

提高学生阅读理解和比较鉴赏的能力,激发学生阅读的兴趣;
拓宽学生知识面,养成良好阅读习惯,提高学生的语文综合素养。

活动流程

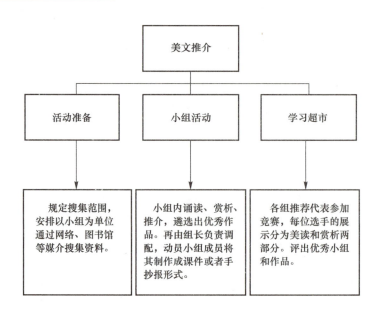

● 活动建议

1．小组活动

搜集材料环节可划定范围，例如文体或者时代国别，这样可以有效避免学生搜集的资料过于繁杂。

2．难点处理建议

（1）不必拘泥于名家名作，引导学生多角度多侧面品鉴文学作品。

（2）学生在美读环节注重朗读技巧，赏析环节侧重表达自己对美文的感悟。

（3）制作课件或者手抄报环节，教师可予以指导帮助，鼓励学生动手操作。

● 活动评价

同学们可利用下列评价表，评价并总结本次活动。

"唯有书香来"活动评价表

活动名称	美文推介	活动方式		小组合作班级展示		活动时间		
序号	评价内容	小组自我评价（40分）			集体评价（40分）			教师评价（20分）		
		优	良	一般	优	良	一般	优	良	一般
1	查阅资料情况（具体说明）									
2	小组协作，组员关系是否协调									
3	美读（吐字、重音、停顿、感情等是否处理得当）									
4	赏析推介（条理是否清晰）									
5	小组成果综评									
6	活动效果									
美句摘抄										
总评										

第四单元

DISIDANYUAN

单元导语

本单元重点培养学生的写作能力与技巧。

散文是"集诸美于一身"的文学体裁。抒情散文以抒发主观情感为出发点,以空灵飘逸见长,着力点在于准确表达感情色彩的语言运用上。《我的空中楼阁》是台湾作家李乐薇的一篇抒情散文,作者用清新的笔调、潇洒的语言、美妙的意境,为我们勾画了一幅人间仙境图。学习时要重点体会作者灵活运用各种表达方式、修辞手法、写作技巧的妙处。

说理性散文是散文的一种,以阐述某个观点为中心,具有抒情性、形象性和哲理性的特点。《漫话清高》一文,金开诚以含蓄委婉、叙议结合的方式表达自己对"清高"的看法。本文中事例引用的方法以及叙议结合的表达方式,在写作中值得我们学习和借鉴。

以说明为主是说明文与其他文体从表达方式上相区别的标志。说明文的中心鲜明突出,文章具有科学性,条理性,语言确切生动。《采草药》是北宋沈括的一篇说明文,作者通过诸多事实、鲜明对比、多方说理,充分说明了采草药应该根据具体情况选择不同的最佳时间,不能"一切拘以定月"。

应用文事务文书包括计划、总结、规划、简报等,《写总结的几个问题》作者张志公通过对写总结的几个问题的提醒,告诉我们怎样才能写好总结。通过学习此文及课本提供的知识链接,我们不但要正确掌握总结和计划的写法,还要掌握如何撰写简报和规划。

第 13 课　我的空中楼阁

李乐薇①

> **学习目标**
>
> 1．抓住小屋的特点，掌握景物描写的方法。注意动静结合、虚实结合、明暗结合、内外结合、远近结合、点面结合等表现手法；
> 2．通过朗读、品味、讨论，体会作者"托物言志"的写法。学习本文在观察的基础上充分展开联想和想象，灵活运用各种修辞手法的表达技巧；
> 3．调动各种感觉器官去观察、体验、感悟，体会作者对大自然、自由生活及独立人格的向往与赞美。

> **小贴士**
>
> 托物言志是古典诗词中常见的一种表现手法。托物言志的写作方法，最常用的有比喻、拟人、象征等。

山如眉黛②，小屋恰似眉梢的痣一点。

十分清新，十分自然，我的小屋玲珑地立于山脊③一个柔和的角度上。

世界上有很多已经很美的东西，还需要一些点缀，山也是。小屋的出现，点破了山的寂寞，好比一望无际的水面飘过一片风帆，辽阔无边的天空掠过一只飞雁，是单纯的底色上一点灵动的色彩，是山川美景中的一点生气，一点情调。

---

① 李乐薇：中国台湾当代散文作家，以散文见长，作品透露着浓郁的现代派艺术气息。
② 眉黛（méi dài）：古代女子用黛画眉，因称眉为眉黛。
③ 山脊（shān jǐ）：山的高处像兽类脊骨似的隆起部分。

小屋点缀了山,什么来点缀小屋呢?那是树!

山上有一片纯绿色的无花树;花是美丽的,树的美丽也不逊于花。花好比人的面庞,树好比人的姿态。树的美在于姿势的清健或挺拔、苗条或婀娜①,在于活力,在于精神!

有了这许多树,小屋就有了许多特点。树总是轻轻摇动着。树的动,显出小屋的静;树的高大,显出小屋的小巧;而小屋别致出色,乃是由于满山皆树,为小屋布置了一个美妙的绿的背景。

小屋后面有一棵高过屋顶的大树,细而密的枝叶伸展在小屋的上面,美而浓的树荫把小屋笼罩起来。这棵树使小屋给予人另一种印象,使小屋显得含蓄而有风度。

换个角度,近看改为远观,小屋却又变换位置,出现在另一些树的上面,这个角度是远远地站在山下看。首先看到的是小屋前面的树,那些树把小屋遮掩了,只在树与树之间露出一些建筑的线条,一角活泼翘起的屋檐,一排整齐的图案式的屋瓦。一片蓝,那是墙;一片白,那是窗。我的小屋在树与树之间若隐若现,凌空而起,姿态翩然②。本质上,它是一幢房屋;形势上,却像鸟一样,蝶一样,憩于枝头,轻灵而自由!

小屋之小,是受了土地的限制。论"领土",只有限的一点。在有限的土地上,房屋比土地小,花园比房屋小,花园中的路又比花园小,这条小路是我袖珍型的花园大道。和"领土"相对的是"领空",论"领空"却又是无限的,足以举目千里,足以俯仰天地,左顾有山外青山,右盼有绿野阡陌③。适于心灵散步,眼睛旅行,也就是古人说的游目骋怀④。这个无限的"领空",是我开放性的院子。

有形的围墙围住一些花,有紫藤、月季、喇叭花、圣诞红之类。天地相连的那一道弧线,是另一重无形的围墙,也围住一些花,那些花有朵状,有片状,有红,有白,有绚烂,也有飘落。也许那是上帝玩赏的牡丹或芍药,我们叫它云或霞。

空气在山上特别清新,清新的空气使我觉得呼吸的是香!

光线以明亮为好,小屋的光线是明亮的,因为屋虽小,窗很多。例外的只

---

① 婀娜(ē nuó):亦作"妸娜"。形容柳枝等较为纤细的植物或女子身姿优雅,亭亭玉立。也形容轻盈柔美的样子。
② 姿态翩然:形容动作轻快的样子。
③ 阡陌(qiān mò):泛指田间小路。
④ 游目骋怀(yóu mù chěng huái):纵目四望,开阔心胸。

有破晓或入暮，那时山上只有一片微光，一片柔静，一片宁谧。小屋在山的怀抱中，犹如在花蕊中一般，慢慢地花蕊绽开了一些，好像群山后退了一些。山是不动的，那是光线加强了，是早晨来到了山中。当花瓣微微收拢，那就是夜晚来临了。小屋的光线既富于科学的时间性，也富于浪漫的文学性。

　　山上的环境是独立的，安静的。身在小屋享受着人间的清福，享受着充足的睡眠，以及一天一个美梦。

　　出入的环境要道，是一条类似苏花公路的山路，一边傍山，一边面临稻浪起伏的绿海和那高高的山坡。山路和山坡不便于行车，然而便于我行走。我出外，小屋是我快乐的起点；我归来，小屋是我幸福的终站。往返于快乐与幸福之间，哪儿还有不好走的路呢？我只觉得出外时身轻如飞，山路自动地后退；归来时带几分雀跃的心情，一跳一跳就跳过了那些山坡。我替山坡起了个名字，叫幸福的阶梯，山路被我唤作空中走廊！

　　我把一切应用的东西当作艺术，我在生活中的第一件艺术品——就是小屋。白天它是清晰的，夜晚它是朦胧①的。每个夜幕深重的晚上，山下亮起灿烂的万家灯火，山上闪出疏落的灯光。山下的灯把黑暗照亮了，山上的灯把黑暗照淡了，淡如烟，淡如雾，山也虚无，树也缥缈②。小屋迷于雾失楼台的情景中，它不再是清晰的小屋，而是烟雾之中、星点之下、月影之侧的空中楼阁！

　　这座空中楼阁占了地利，可以省去许多室内设计和其他的装饰。

　　虽不养鸟，每天早晨有鸟语盈耳。

　　无须挂画，门外有幅巨画——名叫自然。

内容解析

　　本文题为"我的空中楼阁"，"空中楼阁"一语双关，既指"我"居住的"小屋"建于山上，在烟雾迷蒙中，犹如构筑在天空中的楼阁一般；又指幻景中的"空中楼阁"，理想中"独立""安静"的生活环境。

① 朦胧（méng lóng）：模糊不清楚。
② 缥缈（piāo miǎo）：形容隐隐约约，若有若无。

字词驿站

一、给下列加点字注音。

翩然（　　）　　宁谧（　　）　　缥缈（　　）　　眉黛（　　）

玲珑（　　）　　绽开（　　）　　阡陌（　　）　　憩于枝头（　　）

二、说出下列各句所运用的修辞手法及其表达效果。

1. 山如眉黛，小屋恰似眉梢的痣一点。

2. 小屋的出现，点破了山的寂寞，好比一望无际的水面飘过一片风帆，辽阔无边的天空掠过一只飞雁，是单纯的底色上一点灵动的色彩，是山川美景中的一点生气，一点情调。

3. 无须挂画，门外有幅巨画——名叫自然。

三、作者运用了哪些景物描写的方法？通过这些描写作者想表达怎样的思想感情？

第13课 我的空中楼阁

知识殿堂

填空。

托物言志的写作方法，最常用的有_____、_____、_____等。此方法一般是通过对物品的描写和叙述，表现_____。采用托物言志法写的文章的特点是用某一物品来比拟或象征_____等。要写好这样的文章，就要掌握好"_____"与"_____"，"_____"与"_____"的内在联系。

文章的表现手法及其作用大全

能力训练

试分析下列景物描写段落中，作者运用的修辞手法及其表达效果。

天上闪烁的星星好像黑色幕上缀着的宝石，它跟我们这样地接近哪！黑的山峰像巨人一样矗立在面前。四围的山把这山谷包围得像一口井。上边和下边有几堆火没有熄，冻醒了的同志们围着火堆小声地谈着话。除此以外，就是寂静。耳朵里有不可捉摸的声响，极远的也是极近的，极洪大的也是极细切的，像春蚕在咀嚼桑叶，像野马在平原上奔驰，像山泉在呜咽，像波涛在澎湃。

（选自陆定一《老山界》）

突破自我

请你写一个片段，描写一处景物，至少运用两种修辞手法。

拓展延伸

一起来阅读更多的景物描写的经典片段，丰富我们的积累。

景物描写经典片段

第 14 课　漫话清高

金开诚

> **学习目标**
> 1. 厘清结构——培养寻找关键语句，快速厘清文章思路的能力；
> 2. 学习举例丰富的写法——分析所列举人物与所阐述论点之间的关系，学习论述的严密性和逻辑性；
> 3. 学习叙议结合的表达方法；
> 4. 理解文中所说的清高的内涵，讨论在当今市场经济中如何看待清高。

> **小贴士**
> 说理性散文，就是在散文中分析问题、讲明道理、进行论证的文章。

　　在漫长的封建社会中，清高曾是个褒义词，清高的人一般说来是受到敬重的。清高的"清"，意思比较明白，无非是为人清白正直，不搞邪的、歪的、见不得人的勾当。至于"高"的含义，则似乎不同于高风亮节、德高望重之高，而是总要带上一点孤独乃至孤僻的意味，或者可以解释为孤高。因此，清高的名声首先总是落到遗世②寂居的隐士头上。

　　传说中第一个清高之人，恐怕要数许由了。据说唐尧要把天下禅让给他，他认为这话污染了耳朵，因而跑到颍水边上去洗耳。此事不知真假，但在古代却传为美谈。这美谈又反映了古代士人相当混乱的价值取向。唐尧是

---

① 选自《金开诚学术文化随笔》（中国青年出版社1996年版）。
② 遗世：避世，超脱世俗。

人人称颂的圣君，圣君是因为给天下人办了好事所以受到称颂；然而他所选的接班人却不愿为天下人办事，不愿办事却同样受到称赞，真不知是什么道理。

道理虽然说不清，但关于许由的美谈却事实上给清高规定了一个模式，即凡是显贵的人是不大可能得到清高之名的；后来显贵又扩大为富贵，即清高是与富贵无缘的。例如诸葛亮，当他"高卧隆中"之时，是可以称为清高的；后来辅佐刘备，成为蜀汉丞相，在后人心目中德高望重，近乎完人，却无人说他清高。汲黯①、苏武②、魏徵、颜真卿③、史可法④等，都以高风亮节著称于史，但也因做官而不被评为清高。当然，历史上对这些人的评价之高是远非"清高"二字可比的。

在历史上被称为清高的人中，陶渊明大约要算突出的了。他因不愿为五斗米折腰（这句话现在有新解，姑置勿论），辞去彭泽令，归隐田园，以"力耕"谋取"衣食"。这种情况与富贵绝无因缘，在古人心目中乃成为纯正的清高。

不过，从陶渊明这个清高模式来看，一个人的行为与思想固然决定了他是否有清高之"实"；但如果在"实"之外还能享有清高之"名"，那就还得有一些不平凡的本事才行。陶渊明除了真正清高之外，还能写一手好诗，用来言志抒情，因而实至名归，成为清高的典型。其后，像林和靖⑤、倪云林⑥等人，也都因具有才艺专长，才成为著名的清高之人。例如林和靖"梅妻鹤子"，隐居杭州孤山，固然很清高；但也要写出"疏影横斜水清浅，暗香浮动月黄昏"这样的咏梅绝唱，才能成为名人。倪云林隐居无锡惠山，为人有点怪癖，但他的画脱尽烟火气，确有独特风格，所以连怪癖也一同被传诵了。当然，真正清高的人是根本不在乎成名的。想无名而终于有名，其原因大概一则因为历史需要树立清高的样板，而这类样板又只能通过才艺成果

---

① 汲黯（前？—前112）：西汉人。汉武帝时为九卿，敢于直言谏诤，武帝表面上虽表示敬重，其实心里对他颇为不满。后出为淮阳太守。
② 苏武（前140—前60）：西汉人。汉武帝天汉元年（前100年），奉命出使匈奴，后因受牵连被匈奴扣留，历19年而终不变节，后被遣回。
③ 颜真卿（709—785）：唐朝人，书法家。为官正直，性情刚烈，屡遭贬黜而终不改。
④ 史可法（1601—1645）：明末抗清将领，后兵败被捕，不屈就义。
⑤ 林和靖（967—1028）：即林逋，和靖是他的谥号。宋朝诗人，工书法。隐居西湖孤山，终生不仕不娶，以种梅养鹤自娱，因有"梅妻鹤子"之称。
⑥ 倪云林（1301—1374）：即倪瓒，云林是他的号。元末画家，擅长画山水。早年家豪富，后卖田散财，浪迹于太湖一带。

的传扬来树立；假如无所表现，也就无从传扬了。二则因为有才艺本可做官，而他们竟然不做，这才证明是真正的清高。至于那才艺是否适合做官的要求，古人往往是不加深究的。在他们心目中，好像认为只要有才便可以做官。

清高是褒义词，但也不算很高的评价，然而古人评定清高却又是相当严格的；说严格却又没有明确的标准，因而相当模糊。这种情况结合实例来看比较清楚。例如李白，只做过短短一段宫廷诗人，还敢公然声称"安能摧眉折腰事权贵，使我不得开心颜"，他本人又很希望得到清高之名；然而他却终于未成公认的清高样板。原因可能是他有时用世之心过于急切，又极为自负，比较缺乏恬退风度；而且他有了做官的可能便得意地声称"仰天大笑出门去，我辈岂是蓬蒿人"①；没了官做则又傲然声称"长安宫阙九天上，此地曾经为近臣"②，"昔在长安醉花柳，五侯七贵共杯酒"③，诸如此类的话，就很难和清高挂钩了。不过，李白是伟大的诗人，他的诗不但形象思维功夫好，而且天真罄④露，想到什么就说什么。因此，没成为公认的清高样板，对他来说也算不了什么。这个实例只是说明古人评定清高的样板是相当严格的。

另一个实例则说明清高的模糊性，那就是孟浩然。他本来也是想做官的，试看《临洞庭上张丞相》一诗，他在写了"气蒸云梦泽，波撼岳阳城"这样雄劲的名句后，接着就说"欲济无舟楫，端居耻圣明。坐观垂钓者，徒有羡鱼情"，求援用世之心极为明显。后来做不成官，还不无牢骚，所以说出"不才明主弃，多病故人疏"⑤，"当路谁相假，知音世所稀"⑥之类的话。但孟浩然一生既未做官，而且《唐书·孟浩然传》还记述采访使韩朝宗⑦曾约他同赴京师，欲荐于朝廷；可是孟浩然却因与故人喝酒喝得高兴，竟至失约，还说"业已饮，何恤他！"可见他对做官也有不在乎的一面。特别是归隐之后，在寂寞心情中，也多有恬淡⑧之意。这样看来，孟浩然是理应成为一个清高样板的；而且有人也的确这样认为，试看李白的《赠孟浩然》一

---

① 仰天大笑出门去，我辈岂是蓬蒿人：出自《南陵别儿童入京》一诗。
② 长安宫阙九天上，此地曾经为近臣：出自《单父东楼秋夜送族弟沈之秦》一诗。
③ 昔在长安醉花柳，五侯七贵共杯酒：出自《流夜郎赠辛判官》一诗。
④ 罄：尽。
⑤ 不才明主弃，多病故人疏：出自《岁暮归南山》一诗。
⑥ 当路谁相假，知音世所稀：出自《留别王侍御维》一诗。
⑦ 韩朝宗：唐代开元时人，曾任左拾遗，累迁荆州长史，开元二十二年任采访使。
⑧ 恬淡：淡泊，不追求名利。

诗："吾爱孟夫子，风流天下闻。红颜弃轩冕，白首卧松云。醉月频中圣，迷花不事君。高山安可仰，徒此揖清芬。"（"醉月"句用《魏志•徐邈传》典，暗指孟浩然因剧饮违韩朝宗之约事。）可见在李白心目中，孟浩然的清高是极为突出的；然而孟浩然在历史上却仍然不是公认的清高样板。由此可见，对清高的评论是既严格，又模糊的。

  在当代，清高曾经长期受批判，但由于它毕竟是中国传统文化中一个独特的概念和价值观念，在人们心中影响很深，因此虽然批了，却仍然没使许多人的观念真正转变；也就是说清高的价值在人们心中实际上并未降低。至于现在，在社会主义市场经济机制逐步建立的过程中，种种价值观念都在发生深刻的变化。而从抽象的道理上说，清高与市场经济几乎是绝不相容的；但实际情况却使人感觉到清高概念所包含的某些内涵，其价值趋向不仅未见疲软，反有坚挺之势，这似乎又一次证明了中国传统文化中一系列正反互补思想的奥妙。在市场经济中，有的人并不能发财致富，那么保留一点清高的气度，也不失为一种精神安慰，至少能减轻一点心理失衡。就是对发财致富乃至既富且贵的人来说，倘若能够讲一点清，讲一点高，对人对己也是没有坏处的。也许，这就是许多人不愿彻底扬弃清高这个传统文化中的独特概念，并继续有意无意地维护其价值的原因。

内容解析

  说理性散文往往理中含情，情中有理，意蕴深广，给人以哲理的启示和情感的熏陶。我们要品味文章的情趣和理趣，揣摩含义深刻的语句。"清高"是中国传统文化中一个独特的概念和价值观念。《漫话清高》一文中，旁征博引，融通古今，以"漫话"的形式让我们了解到"清高"的历史源流、文化底蕴、价值取向及其思想行为在当今社会中的表现。其中的许多引证看似雪泥鸿爪，却环环相扣，凸显了文章的主线。

第14课 漫话清高

字词驿站

一、给下列加点字注音。

怪癖（　　）　褒（　　）义　恬（　　）退　蓬蒿（　　）

宫阙（　　）　禅（　　）让　馨（　　）露　勾（　　）当

混（　　）水摸鱼

二、下列句子中画线的熟语的使用，不恰当的一句是（　　）。

A. 这次当选的人大代表不但有<u>德高望众</u>的学者，也有<u>初出茅庐</u>的青年企业家。

B. 吴教授真不愧为<u>丹青妙手</u>，在他笔下，一幅画三下两下便<u>一蹴而就</u>了。

C. 孙志刚事件如此<u>不了了之</u>，是对读者的愚弄，也是对媒体的自损，对此，笔者一直想不通。

D. 这个企业负责人的这一举措不但体现了自己的<u>高风亮节</u>，还体现了人们观念的更新。

知识殿堂

填空。

　　说理散文，就是具有_____的散文特点，又有一定_____的散文形式。说理散文往往拥有_____中心思想，以_____、_____、_____等方式来表达自己的某个观点，一般都会阐述一个道理，也有人叫它_____。

说理散文的基本知识

能力训练

一、你对清高是怎样理解的，请用"清高是_____"的句式说一句话或几句话，并把自己认为说得好的句子写下来。

二、辩论。

正方：清高是一种精神食粮，任何时代，任何人都不可缺。

反方：若人人都消极避世，社会将如何发展？当今社会要不得。

你心目中的清高典范是谁？分析其可贵之处，试写一篇随笔。

拓展延伸

让我们走近金开诚，读一读他提到的关于"梅妻鹤子"和"不为五斗米折腰"的故事。

了解作者和文中出现的故事

第 15 课　采草药

沈　括[①]

学习目标

1. 掌握本文的说明方法；
2. 运用多种说明方法学写说明文；
3. 学习作者实事求是的治学态度。

> **小贴士**
>
> 　　常见的说明方法有：举例子、分类别、下定义、摹状貌、作诠释、打比方、列数字、列图表、作比较、作引用。

　　古法采草药多用二月、八月，此殊未当。但二月草已芽，八月苗未枯，采掇者易辨识耳，在药则未为良时。大率用根者，若有宿根[②]，须取无茎叶时采，则津泽皆归其根。欲验之，但取芦菔、地黄[③]辈观，无苗时采，则实而沉；有苗时采，则虚而浮。其无宿根者，即候苗成而未有花时采，则根生已足而又未衰。如今之紫草，未花时采，则根色鲜泽；花过而采，则根色黯恶，此其效也。用叶者取叶初长足时，用芽者自从本说，用花者取花初敷时，用实者成实时采。皆不可限以时月。缘土气有早晚，天时有愆伏[④]。如平地三月花者，深山中则四月花。白乐天游大林寺诗云："人间四月芳菲尽，山寺桃花始盛开。"盖常理也。此地

[①] 沈括：我国北宋科学家、改革家。晚年以平生见闻，在镇江梦溪园撰写了笔记体巨著《梦溪笔谈》。《采草药》选自沈括《梦溪笔谈·药议》。

[②] 宿（sù）根：多年生草本植物的根。茎叶枯萎后能继续生存，次年春又可发芽，故称。

[③] 芦菔（lú fú）、地黄：芦菔，即萝卜。地黄，草药名。

[④] 愆伏（qiān fú）：阴阳失调。这里指气候变化。

势高下之不同也。如笋竹①笋，有二月生者，有三四月生者，有五月方生者谓之晚笋；稻有七月熟者，有八九月熟者，有十月熟者谓之晚稻。一物同一畦之间，自有早晚。此物性之不同也。岭峤②微草，凌冬不雕；并汾③乔木，望秋先陨；诸越④则桃李冬实，朔漠则桃李夏荣。此地气之不同也。一亩之稼，则粪溉者先芽；一丘之禾，则后种者晚实。此人力之不同也。岂可一切拘以定月哉？

内容解析

本文批判了固定在二、八月采药的旧法，以通俗的事实和道理说明了采药不可拘于固定的月份。作者指出，因为药用植物部位的不同，采药的时间也应随之不同，这样才能保证药物的质量；作者还进一步阐明了植物生长、成熟的早晚，是因地理条件、植物特性、气候变化和人力栽培的不同而有所改变的，因此采药的时间决不可以限于固定的月份。

字词驿站

一、给下列字注音。

掇（　）黭（　）敷（　）畦（　）陨（　）朔（　）

二、指出下列句中的活用词语并解释。

1. 一亩之稼，则粪溉者先芽。
2. 诸越则桃李冬实。
3. 深山则四月花。

---

① 笋（guì）竹：一种竹子。
② 岭峤：泛指五岭地区。即今广西、广东、湖南交界处。
③ 并汾：泛指北方地区。约今河北、山西一带。
④ 诸越：即百越。古代南方越人的总称。也指其居住地，即今浙、闽、粤、桂等地。

第15课 采草药

三、下面不符合文意的一项是（　　）。

A. 古法采药多在二、八月，只是因为此时采药者容易从芽、苗上加以辨识。

B. 地势高低不同，植物的生长期也不同，有白乐天《游大林寺》诗句为证。

C. 南方桃李冬天可结果，北方桃李夏天才发芽，这是地理气候不同的缘故。

D. 同一块地里的庄稼，施加的人力不同，其生长、成熟的早晚也各不相同。

知识殿堂

填空。

说明文按照不同的构成成分，可以分为_____和_____；按照不同的写作目的，可以分为_____、_____和_____；按照不同的表达方式，可以分为_____和_____；而按照不同的说明对象，又可以分为_____和_____两类。

说明文的写作知识

能力训练

一、分析下列语段所运用的说明方法。

1. 那么银河系之外是什么呢？天文学家说，银河系外面还有很多类似银河系的星系，天文学家把它们叫作河外星系。我们所看到的扁平的旋涡状的星云是河外星系。因此，天文学家猜想，在别的星系上看银河系，也是这样一团扁平的旋涡状的星云。（叶至善《卧看牵牛织女星》）

2．蛇岛由于草木繁茂，昆虫众多，又地处海口，就成了来往迁徙的鸟类的"歇脚站"。每当候鸟过往盛季，百鸟来到岛上，簇拥山头，盘旋高空，早迎朝霞，晚送斜阳，一派热闹景象。在这里，许多种昆虫、果肉和种子成了小鸟的食品，可是许多小鸟也成了蝮蛇的食物。（黄沐朋《蛇岛》）

3．猫头鹰的眼睛又大又圆，炯炯有神。不过，它在白天什么也看不见，猫头鹰的眼睛是专为夜晚用的。这种眼睛叫作"夜视眼"。它是大自然送给猫头鹰最好的礼物。（萧兵《猫头鹰的眼睛》）

二、文中举芦菔、地黄与紫草为例，在写法上有什么作用？

三、联系全文，指出作者的写作意图。

突破自我

小练笔。

选好观察点,观察学校的校园建筑,包括建筑物的方位及特征,写一篇介绍建筑物的说明文。

拓展延伸

《梦溪笔谈》成书于11世纪末,一般认为是写于1086年至1093年间。作者自言其创作是"不系人之利害者",出发点则是"山间木荫,率意谈噱"。书名《梦溪笔谈》,"梦溪"则是沈括晚年归退后,在润州(今镇江)卜居处"梦溪园"的园名。《梦溪笔谈》具有世界性影响。

沈括和他的《梦溪笔谈》

第 16 课 写总结的几个问题

张志公 [1]

 学习目标

1. 掌握总结如何正确选择材料，正确进行表达。
2. 掌握总结和计划写作的基本格式，学会制订计划，撰写总结和计划。
3. 了解简报和规划的写作格式，能正确撰写。
4. 能够认识到事务文书的重要作用，加深对此类应用文的重视程度。

 小贴士

按照应用文的使用范围和内容性质来划分，应用文的种类有：公务文书、行业专用文书、日常应用文书。总结、计划、规划、简报属公务文书中的事务文书。

计划是确定目标、制定实施方案，要明确时限、方法、步骤。总结是对计划完成情况的检查、回顾和反思，归纳经验、不足，以便于下一步工作的实施。计划是事前的安排，总结是事后的回顾。计划是总结的前提，总结是计划的结论。

总结没有一套现成的写法，因此，只好提出写总结的几个问题来研究一下。

1. 写总结是不是有些基本条件。

什么是总结，很难下个定义。从一般的总结来看，大致可以这样说：做了一项工作，或者是做了一个时期的工作，做过以后，回顾一下工作的情况，包括工作的目的、任务、经过、方式、方法等，做一些系统的整理，进而做一些比较全面的分析，从中得出工作的主要成绩、经验、缺点和问题。这样做的目的，是要对做过的工作做出一个正确的估价，把成绩和收获巩固下来，把经验明确起来，以便推进和提高今后的工作。

一篇好的总结，要具备一些什么条件呢？

（1）要有充实的、正确的内容。所谓充实的、正确的内容，就是有材料，有观点，有分析，有概括，能说明问题，能解决问题。材料要丰富，要真实，要典型，要有选择；观点要鲜明，要正确。材料和观点是统一的。材料要说明观点，观点要统率材料。比方举办像我们这样的"语文

---

[1] 张志公（1918—1997）：河北南皮人，当代著名语言学家、教育家。代表作有：《张志公文集》《传统语文教育初探》《漫谈语文教学》等。1918年生于北京，1937年考入中央大学工学院，一年后转读外语系，攻读英语、法语和外国文学。

学习讲座",有没有必要办呢？从我了解的一般反映来看，大家都认为有必要。"有必要"就是观点，这个观点要肯定，要鲜明。但仅仅反反复复强调观点是不行的，还必须要有材料来说明观点。贵阳市干部文化学校在总结举办"语文学习讲座"的必要性时，就提出了五个方面的材料。即"讲座"有助于端正学员的认识，树立认真学习语文的态度；辅导学员精读了十来篇典范的文章，使学员初步掌握了一些阅读文章的方法；帮助学员掌握了一些语文基础知识；帮助学员进行了一些语文基本训练；有些参加"讲座"学习的小学教师把专家们的讲课方法运用到自己的教学中去，提高了教学质量等。有了这些材料，就有力地说明了观点的正确。这样，观点和材料就紧紧地扣在一起。从这里我们可以体会到材料跟观点统一的关系。

（2）既要全面，又要有重点，既要合于总结的一般要求，又要从实际出发，不流于形式。为什么说要全面呢？因为既总结，就得全面。总结里不能只写过程，记流水账，要有分析和概括；也不能只有抽象的分析和概括，要有具体的过程和情况，要不总结就显得空泛。另一方面，总结里不能只谈成绩和经验，不谈缺点和问题；也不能只谈缺点和问题，而不谈成绩和经验。只有把过程、情况、成绩、经验、缺点和问题都谈到，这才全面。凡是总结，总有一般要求。一般的写法，首先是基本情况，工作过程，然后提出收获和成绩，进而分析其原因，从分析中得出经验；再指出缺点和问题，也要分析其原因，得出教训；最后明确今后怎么做，提出方向、原则、计划、打算等。但是，我们所总结的工作，总有种种不同的具体情况。比方说，有的工作比较复杂，有的工作比较单纯，有的工作是短期的，有的工作是经常性的。写总结的目的也有种种不同，比方说，有的总结是向上级汇报；有的总结是除汇报外，还有所请示；有的是本单位总结一项工作或一个时期的工作，向下级说明，明确成绩和经验，以便增强信心，鼓舞干劲，同时并指出今后努力方向；有的是做了一项工作，有比较显著的收获和成绩，把经验总结出来，介绍给有关方面参考、讨论或研究。再从介绍经验来说，是介绍全面的经验，还是某一点的经验，其目的也是不同的。由于有这些不同，所以写总结要有重点，要从实际出发，不可能任何总结都是一样的。我们写总结要考虑对象和目的，因为它关系到总结的详略，关系到总结的组织安排。比如，我们做了一项工作，解决了原来存在的问题，要把怎样解决的经验向上级汇报一下，如果对象目的是这样的话，就宜于先摆问题，而不是先摆情况和收获，然后说明做法，解决问题的程度，最后分析经验和教训。如果是新试验一项工作，总结试验的成效，那就要求另一种写法。

（3）语言要准确，条理要清晰。总结的语言，最重要的是准确。所谓准确，就是事实要准，不走样；数目字要准，一分不错；下论断要准，一点不含糊。比如一个短期的办得很出色的马列主义著作读书班的总结中说："大家一致感到得到的益处很多"，这里"一致""很多"就很准，毫不含糊。再如讲读书班办得好的表现，"主要有下列几个方面"，这里"主要"也用得很准。"对马克思列宁主义一些基本原理的理解，比过去较为系统、深刻了一些"。这个估计是很有分寸的。因为对马克思列宁主义基本原理的理解，在几个月的时间里是不可能很系统、很深刻的，所以只说跟过去比较起来，系统、深刻了一些。讲读书班采用"读""想""谈""写"的学习方法，说"最好方法"不说"较好方法"，这也是论断准的地方。特别是把上述几处联系起来，对比地看一看，更能看出用语轻重分寸的不同，都是有道理的，不是随便说说的。我们写总结，有时用的材料可能不够准，但又非用不可，那就得交代一声。比如说"根据不完全统计"，"根据推断"，这样说明了材料的可靠程度，也是一种准确。语言的准确跟材料的真实是不可分的。如果材料不真实，得出的论断就不可靠了。总结的语言，除了准确以外，还有没有其他要求呢？比方说，要不要生动一些，有点描述？我想，这是可以的，但是在总结里，描述、形容、比喻之类一般只起辅助作用，不能依靠那些话来说明问题。条理要清晰，这在总结里非常必要。清晰的条理从哪里来？这就要求我们对事物（工作）的观察、分析、叙述、论证合乎逻辑。在总结里很少用到如倒叙、补叙等那些写作技巧。

2．写总结的人要做好哪些工作。

首先是占有材料和整理材料。占有材料的重要性大家都了解，那是工作的问题，这里不多谈。从写总结的角度说，怎样整理材料是很值得注意的问题。整理材料，要靠在平时工作过程中一边不断搜集资料，一边及时加以整理。整理的方法，如怎样分类，怎样保管，怎样做索引和卡片等，都需要考虑。这些虽说是技术性的工作，但是对写总结很有关系，要不然一大堆材料，是很难下笔的。平时有了准备，着手写总结之前，系统地整理起来就方便了。然后要分析材料，以便有所取舍，进行去粗取精、去伪存真的工作。

第16课　写总结的几个问题

占有材料，整理材料，分析材料，以至于写总结的整个过程，要靠正确的立场、观点和方法。具体地说，要靠掌握方针政策，要靠群众路线的工作方法，只有这样，才能正确地整理材料，分析材料，也才能很好地占有材料。在分析材料的基础上，才能考虑怎么写的问题。在考虑怎么写的时候，要明确对象和目的，根据对象和目的确立重点。重点详尽到什么程度，有哪些非重点，明确起来，写得简略一些。在非重点里，又有哪几点相对地说又要详细一些，考虑这些以后，就可以搭架子（写提纲）了。提纲不论详略，都要包括主要论点和主要材料。提纲经过研究以后，写起来就比较容易了。在写的过程中，还要做两项工作：一是核对。如引用经典著作和文件要核对，引用别人的话，数目字、计算的比例也要核对。二是推敲。如一些估价、论断要很好地推敲，注意准确的程度，做到一分不多，一分不少，既不夸大，也不缩小。

以上讲的是一些主要问题。下面再补充讲两个问题。

1．总结写法上的几个问题。

（1）数字、举例、引用材料要有选择，能说明问题。大体上说，谈情况常常需要数目字，对情况的分析也往往需要数目字。如谈学习，就要看学得好的有多少，学得一般的有多少，学得差的有多少，这样可以看出教学效果如何。谈收获和成绩，常常需要引用具体的事例。你要总结一个读书班办得好，就要注意引用学的人的想法和说法，分析论断有时要引用足以作为根据的话，如经典著作、文件和科学著作等。要善于运用数字、举例和引用材料说明问题。要在必要的地方用必要的材料，才可能起到说明问题的作用。

（2）分析、论证要有根据和判断。根据和判断要清清楚楚，一目了然。如上面提到的那篇总结，讲到读书班办得好的原因时，提出了"坚持实行以学员自学为主和教员积极辅导相结合的教学方法"的论点，为什么要坚持实行这个方法呢？这就要做分析和论证。由于参加读书班的学员，有较高的学习自觉性，有丰富的工作经验和较高的政治水平，就有以自学为主的可能性；也只有坚持以自学为主，才能使他们把书本理论变成自己的思想武器，这是必要性。既有可能又有必要，那根据就足了。这是一个方面的分析和论证。总结又说："但是，由于多数学员对外国历史知识了解少，文化科学知识不够丰富，再加上学习时间有限，因而，在教学中还必须加强教员的积极的辅导活动，帮助学员扫除障碍，打开思路。"这又是根据，所以要以自学

> **小贴士**
>
> 计划是机关、团体、企事业单位对一定时期的工作预先做出安排时使用的一种公文，计划主要用于对未来的工作任务预先拟定目标，设想步骤、方法等，做到事先心中有数，减少盲目性。计划通常由标题、正文、落款三部分构成。
>
> 规划，就是个人或组织制订的比较全面长远的发展计划，是对未来整体性、长期性、基本性问题的思考和考量，设计未来整套行动的方案。规划与计划基本相似，不同之处在于：规划具有长远性、全局性、战略性、方向性、概括性和鼓动性。

为主和教员积极辅导相结合的教学方法。以上的根据和判断清清楚楚，一目了然。

（3）怎样分段和标题。有的总结，各部分都很详尽，内容也很复杂，这就需要分段加标题，使其眉目清楚。有的总结可以不分段不加标题，但是需要用些词句把各部分之间的关系显示出来。

2. 写总结要考虑避免一些什么。

从总的、根本方面来说，凡是与基本条件相抵触的都要避免。如罗列现象，空发议论要避免；以偏概全，挂一漏万要避免；主次不分，流于形式要避免；语言不准确，条理不清晰要避免。除此之外，还有一些现象，姑且叫它"忌讳"吧：

（1）忌冗赘。写总结的人总希望写得全面一些，把道理说得清楚一些，往往就多用材料，尽情地写，结果写得冗赘、烦琐。解决的办法是：材料要有选择，要有取舍，数字、举例不在多，在于说明问题；如果材料多，有参考价值，可以作为总结的附件。

（2）忌笼统。写总结，总得对工作全面估计一下，对成绩、经验做些必要的论断，常常由于怕说话说过了头，就爱用一些什么"一般""一定的""比较""较为""基本上""大体上""部分的"这些字眼。这些字眼不是不能用，而是不能乱用，乱用了就说明我们掌握的材料不充分，不敢下确切的判断。比如说"取得了一定成绩，但是还不够"，这话本身没有错，但是，如果只这么说，没有把"一定成绩"和"不够"之处具体说出来，就失于笼统了。

（3）忌夸张。文艺作品，可以用点夸张手法。写总结不成。写总结有时候不是存心夸张，而是为了想把问题说得充分一些，一不留心就会犯夸张的毛病。这就要求写总结的人实事求是，写的时候要注意推敲，凡是有所估价、论断的地方，用词造句的分量要恰当。推敲的过程，同时也是很好地考虑研究内容的过程，提高认识、明确观点的过程，不能马虎从事。比如前面说成绩大得不得了，简直没有缺点，后面又说问题大得不得了，简直一无是处，这样前后的口径就对不起来，其中总有一面是夸张的。

总之，要总结写得好，必须总结做得好；要总结做得好，必须工作做得好。写总结不是个单纯技术问题，也没有一套一成不变的写法。

小贴士

简报即情况的简要报道，是国家机关、社会团体及企事业单位内部用来反映情况、汇报工作、交流经验、沟通信息的一种内部文件。简报又称"动态""简讯""要情""摘报""工作通讯""情况反映""情况交流""内部参考"等。它具有简、精、快、新、实、活和连续性等特点。

简报结构由报头、报核、报尾三部分组成。

第16课 写总结的几个问题

内容解析

总结是单位或个人对自身前一阶段或某一时期已完成的实践活动进行全面的回顾、研究、分析、评价，从中揭示出规律性的认识，以指导今后实践活动的实用性文书。张志公从写总结要具备的基本条件、写总结要做好的工作、总结写法上的几个问题和写总结要考虑和避免的问题几个方面就如何写总结阐述了自己的观点。这篇文章告诉我们要总结写得好，必须总结做得好；要总结做得好，必须工作做得好。

字词驿站

给下列多音字注音并组词。

划｛　　　　差｛　　　　参｛　　　　结｛

便｛　　　　的｛　　　　着｛　　　　教｛

知识殿堂

填空

1. 总结的写作要求是＿＿＿＿、＿＿＿＿、＿＿＿＿。
2. 计划的写作要求是＿＿＿＿、＿＿＿＿、＿＿＿＿。
3. 简报的写作要求是＿＿＿＿、＿＿＿＿、＿＿＿＿、＿＿＿＿。
4. 工作总结中常常出现两种倾向：一种是＿＿＿＿＿＿；另一种是＿＿＿＿＿＿。这两种倾向都不是实事求是的态度。

总结、计划、简报的写作要求

5. 计划在＿＿＿＿、＿＿＿＿、＿＿＿＿上要力求准确，＿＿＿＿、＿＿＿＿、＿＿＿＿、＿＿＿＿、＿＿＿＿、＿＿＿＿、＿＿＿＿都要具体写明，以便于执行检查。

能力训练

1. 总结的写作一般是使用（　　）。

A．第一人称　　　　　　　B．第二人称

C．第三人称　　　　　　　D．三种人称互用

2. 读读下列标题，指出不属于总结的一项（　　）。

A．读报剪报，我积累知识的一种方法。

B．借风扬帆，我县乡镇企业发展外向型经济的经验。

C．学书法的秘诀。

D．中专生的昨天、今天和明天。

3. 总结的最基本的特点是（　　）。

A．简明性　　　　　　　　B．时效性

C．理论性　　　　　　　　D．客观性

4. 总结的种类很多，按内容分有（　　）；按范围分有（　　）。

A．年（季、月）度计划　　B．思想总结

C．单位总结　　　　　　　D．工作总结

E．个人总结

5. 正文是计划的主体，正文内容包括前言、（　　）、措施和步骤以及其他事项。

A．目的和任务　　　　　　B．背景介绍

C．计划人介绍　　　　　　D．称谓

6. 规划具有（　　）、全局性、战略性、方向性、概括性和鼓动性。

A．目的性　　　　　　　　B．计划性

C．长远性　　　　　　　　D．可行性

突破自我

一、在过去的学习生活中，你认为自己有哪些优点和不足？写一份学习总结。

二、人无完人，每个人都有自己的缺点，请你根据自身存在的不足拟定一份自我提升计划，让自己向优秀更迈进一步。

三、根据自己的专业特点，设计一下自己的未来职业生涯规划。

计划、总结、简报、规划写作知识

扫描右侧的二维码，获取更多的关于计划、总结、简报、规划的写作知识。

综合实践活动

点亮爱心　奉献青春
——"为'空巢老人'服务"青年志愿者宣传活动

活动描述

"为'空巢老人'服务"青年志愿者宣传活动，每6～8人一组，通过小组搜集到的相关信息，做出活动计划，提出活动倡议。通过小组合作，共同完成活动任务，发现身边的榜样。通过班级交流展示，促进相互学习、共同提高。通过活动，学生既可以加强与人交流、沟通的能力，锻炼合作能力，又能提高写作知识的运用能力。

活动目的

1. 树立爱心和社会责任心，鼓励学生服务社会。
2. 创设活动的情境，提高学生语文综合应用能力。

活动流程

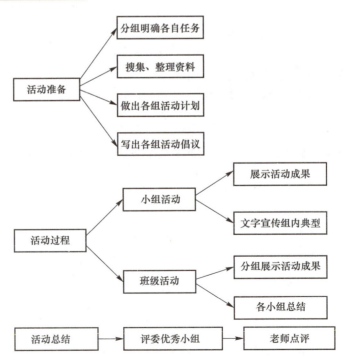

活动建议

1. 小组活动

(1) 搜集的信息容量多，一定要进行整理和分类，保留与活动内容相关的必要信息。

(2) 组内分工要合理、明确，组员工作既相互配合又相对独立。

2. 难点处理建议

(1) 活动成果的展示形式多样。

(2) 组内分工责任到人，文字材料要及时整理写出。

(3) 通过活动进行多种文体的训练，如倡议书、计划、总结、记叙文、议论文等，教师可以进行适当的提醒点拨。

活动评价

同学们参加完上述活动后，学生及老师利用下列评价表，总结评价本次活动的收获。

学生活动评价表

活动名称	"为'空巢老人'服务"青年志愿者宣传活动	活动方式	小组合作班级展示		活动时间		
序号	评价内容	自我评价			集体评价			教师评价		
		优	良	一般	优	良	一般	优	良	一般
1	是否积极参与，有无责任感									
2	是否与组内同学团结协作，关系是否和谐									
3	搜集资料情况（具体说明）									
4	整理资料情况（具体说明）									
5	个人承担任务的完成情况									
6	与人沟通、交流、合作情况									
7	相关写作知识的运用情况（文章展示）									
8	参与活动效果（实例说明）									
总评										

第五单元

DIWUDANYUAN

单元导语

本单元着重提高我们的语文综合素养,包括听话、说话、阅读、写作四种能力。

《列车上的偶然相遇》向我们讲述了父亲西蒙·阿历克斯·哈利在火车上打工期间偶遇一位退休了的总经理并得到资助完成学业的故事,倾听作者的讲述,感受精神的洗礼,激励着我们执着、认真、积极向上。陶行知先生的《创造宣言》向我们揭示了一个真理:"处处是创造之地,天天是创造之时,人人是创造之人。"文章"先破后立"的技巧,是写驳论文的常用方法。《荷花淀》是一曲抗日战争时期白洋淀地区人民抵抗侵略者的颂歌,这种可歌可泣的爱国主义精神一直激励着我们。文中如诗如画的环境描写和栩栩如生的人物描写值得我们学习。《兰亭集序》描述了兰亭周围山水之美和聚会的欢乐场面,有感情地反复朗读,能真切地感受到作者对人生的眷恋和热爱之情。

第 17 课　列车上的偶然相遇

[美] 阿历克斯·哈利①

学习目标

1. 品味文章语言特色，体会人物性格特点；
2. 学习叙议结合的写作方法；
3. 感受父亲执着、认真的人生态度，树立积极进取的人生观。

小贴士

叙议结合要求一面叙事，一面对其进行分析、评论。好处是笔法灵活多变，能起到总起、提示、过渡和总结的作用。

我们兄弟姐妹无论何时相聚在一起，总是免不了谈论起我们的父亲，以及父亲那个晚上在火车里遇到的神秘的先生。

我们是黑人。父亲西蒙·阿历克斯·哈利，1892年出生在美国田纳西州的一个小农场里。作为刚被解放了的黑奴的儿子，可以想见他的地位之卑微。当他吵着要去上大学时，祖父总共只给了他50美元："就这么些，一个子儿也不会加了。"凭着克勤克俭，父亲艰辛地读完了预科班②，接着又考取了北卡罗来纳州格林斯堡大学，勉强读到二年级。一个烈日炎炎的下午，父亲被召进教师办公室。他被告知：因为无钱买课本的那一门功课的考试不及格。失败的沉重负担，使他抬不起头来："也许该回农场去了吧。"……

几天以后，父亲收到客车公司的一封信："从几百名应聘者中，你被选上作为夏季旅客列车的临时服务员。"父亲匆匆忙忙地去报到，上了布法罗开往匹兹堡的火车。显然，不积累点路费，又怎么回农场呢？

清晨两点钟，车厢内拥挤闷热，忠于职守的父亲穿着白色的工作服，仍在颠簸的车厢里缓缓巡回。一位穿着讲究的男子叫住了他，他说他与妻子都

---

① 阿历克斯·哈利：美国作家，1921年生于纽约州的伊萨卡，于1976年写出了长篇家史小说《根》。该书获1977年普利策特别奖，改编成电视连续剧上演后轰动全国。
② 预科班：通常是指进入普通本专科学习之前的预备期。

无法入睡，想要一杯热牛奶。父亲不一会儿就在银色的托盘里放了两杯热牛奶与餐巾，穿过拥挤的车厢，极为规范地端到这位男子面前。这人递给他妻子一杯，又递给父亲5美元小费，随后，慢慢地从杯中一口一口地呷①着牛奶，并开始了交谈。

"你从哪来？""田纳西州的大草原，先生。""这么晚了，你还工作？""这是车上的规矩，先生。""太好了。做这工作之前你干什么？""我是格林斯堡大学的学生，先生。但我如今正准备回家种田。"这样交谈了半小时。

整个夏季，父亲一直在火车上干活，他积攒了不少钱，远远超出了回家的路费。父亲想，这点积蓄已够整整一学期的学费，何不再试一学期，看看究竟能取得什么样的成绩？他又回到了格林斯堡大学。

翌日②他就被人叫进校长室。父亲怀着忐忑不安的心情在这位威严的人面前坐定。

"我刚收到一封信，西蒙。"校长说，"整个夏季，你都在客车上当服务员？""是的，先生。""有一天夜里，你为一位先生端过牛奶？""是的，先生。""是这样的，他的名字叫M·博西先生，他是那家发行《星期六晚报》的出版公司的退休了的总经理。他已为你整个一学年的伙食、学费以及书费捐赠了500美元。"

父亲惊讶得目瞪口呆。这出人意料的恩惠使父亲不用再每天奔波于学校、打工餐馆之间，使他以全班第一的成绩毕业。最后父亲又以优异的成绩获得纽约埃塔卡大学的全额奖学金。

30年后的一天，巧了，我也来到了《星期六晚报》社。那是这家著名的报社为我写的《马尔科姆自传》的修改问题而请我去的。坐在豪华的大办公室里，我突然想起了博西先生，正是他的帮助，改变了我们一家的发展轨迹。

当然，这位神秘的博西先生之所以给我父亲一次机会，是因为父亲首先显示出了一个人的真正价值：执着、认真。后来，他抓住这机会，克服了许许多多的困苦，成为一个很有学问、受人尊敬的人，也为我们兄弟姐妹创造了一个良好的教育环境。我的哥哥乔治是美国邮政定价委员会主席，妹妹朱丽叶是一位建筑师，露伊丝是位音乐老师。我本人呢，是曾获得普利策奖的著名小说《根》的作者。

---

① 呷：小口儿地喝，把液体或流食咽下去，现可引申为吃。
② 翌日：第二天。

第17课　列车上的偶然相遇

内容解析

本文讲述了父亲西蒙·阿历克斯·哈利年轻的时候在列车上打工，遇到一对老年夫妇，父亲在为这对老年夫妇服务的过程中恪尽职守、一丝不苟，最终得到了这对老年夫妇的资助顺利读完大学进而取得成功的故事。文章通过生动的语言描写、心理描写塑造了栩栩如生的人物形象。这篇课文通过记叙父亲的经历，告诉人们只有体现出真正价值的人，只有执着、认真的人，才能获得机会、抓住机会，并在最后取得成功。

字词驿站

一、给下列加点字注音。

萧（　　）瑟（　　）　　应聘（　　）　　颠（　　）簸（　　）
呷（　　）　　　　　　积攒（　　）　　翌（　　）日
忐（　　）忑（　　）

二、解释下列词语的含义。

卑微：_____。
翌日：_____。
执着：_____。

知识殿堂

填空。

叙议结合是一种常见的写作方法，它既能够具体地记叙事件，充分地抒发感情，还能直接揭示所写对象的意义，其中_____是基础或者铺陈，_____是深化或者点染。

叙议结合的写作方法

听同学朗读课文，然后回答下面的问题。

一、复述父亲从"吵着要去上大学时"到"又以优异的成绩获得纽约埃塔卡大学的全额奖学金"期间的经历。

二、以小组为单位，认真讨论博西先生为什么要资助一个地位卑微的黑奴的儿子。

三、讨论一下：如果没有这次"偶然相遇"，父亲会不会成为一个"很有学问、受人尊敬的人"？然后以口头作文的形式，为文章另续一个结尾。看谁续得更合理。

签　名

在乔治的记忆中，父亲一直就是瘸着一条腿走路的，他的一切都平淡无奇。所以，乔治总是想，母亲怎么会和这样的一个人结婚呢？他总觉得，父亲那条瘸腿，带给自己的是耻辱。

一次，市里举行中学生篮球赛。乔治是队里的主力，他找到母亲说出了自己的心愿：希望母亲能陪他同往。在赛场上，只要看到母亲的目光，他就能发挥出最好的水平。母亲笑了，说："那当然。你就是不说，我和你父亲也会去的。"他听罢摇了摇头，说："我不是说父亲，我只希望你去。"母亲很是惊奇，问这是为什么。他勉强地笑了笑，说："我总认为，一个残疾人站在场边，会使得整个气氛变味儿。"母亲叹了一口气，说："你是嫌弃你的父亲了？"父亲这时正好走过来，说："这些天我得出差，有什么事，你们商量着去做就行了。"乔治舒了口气，说："爸爸，祝你一路平安！"父亲慈爱地抚摸着他的头，说："我祝你能赛出好的成绩！"

比赛很快就结束了，乔治所在的队获得冠军，乔治为此立下了汗马功劳。在回家的路上，乔治很是兴奋地说个不停。母亲也很高兴，说："要是你父亲知道了这个消息，他一定会放声高歌的。"乔治沉下了脸，说："妈妈，我们现在不提他好不好？"母亲接受不了他的口气，尖叫起来，说："你必须要告诉我这是为什么！"乔治满不在乎地笑了笑，说："不为什么，就是不想在这时提到他。"母亲的脸色凝重起来，说："孩子，这话我本来不想说，可是，我再隐瞒下去，很可能就会伤害到你的父亲。你知道你父亲的腿是怎么瘸的吗？"乔治摇了摇头，说："我不知道。"母亲说："那一年你才两岁，父亲带你去公园玩儿，在回家的路上，你左奔右跑。忽然，一辆汽车疾驰而来，你父亲为了救你，左腿被碾在了轮下。"乔治顿时呆住了，说："这怎么可能呢？"母亲说："这怎么不可能！不过这些年你父亲不让我告诉你罢了。"

两人慢慢地走着。母亲说："有件事可能你还不知道，你父亲就是布莱特，你最喜欢的作家。"乔治惊讶地蹦了起来说："你说什么？我不信！"母亲说："其实你父亲也不让我告诉你。你不信可以去问你的老师。"乔治把运动服塞在母亲的怀里说"你等着"，就急急地向学校跑去。

老师面对他的疑问，笑了笑，说："这都是真的，你父亲不让我们透露这些，是怕影响你的成长。但现在你既然知道了，那我就不妨告诉你，你父亲是一个伟大的人。"

乔治激动得不能自已，一阵风地跑回家中，父亲却不在。两天以后父亲回来，一进门，乔治就急不可待地说："爸爸，我问你一件事。"父亲放下手提包，说："是不是又遇到了什么困难？"他摇了摇头，说："爸爸，我只是想问你一句话。"父亲笑了，说："别说一句，就是一百句也没问题。"乔治说："你就是大名鼎鼎的布莱特吗？"父亲愣了一下，然后就笑了，说："孩子，你怎么想起了这个问题？"乔治制止他问下去，说："你得先回答我。"父亲点了点头，说："我就是写小说的布莱特。"乔治拿出一本书来，说："你先给我签个名吧！"父亲看了他片刻，然后拿起笔来，在扉页写道："赠乔治，生活其实比什么都重要。布莱特。"然后放下笔，说：“我其实比签名更重要。”然后笑了起来。

多年以后，乔治成为一名出色的记者。当有人让他介绍自己的成功之路时，他就会重复父亲的那句话：生活其实比什么都重要。

一、老师告诉乔治"你父亲是一个伟大的人"，从全文来看，文章叙述了父亲的哪些伟大之处？

二、讨论一下，父亲给乔治的赠言"生活其实比什么都重要"这句话蕴含了什么哲理？

拓展延伸

《列车上的偶然相遇》朗读音频

小说《根》

1. 朗读，是一种出声的阅读方式，是把文字转化为有声语言的一种创造性活动。就语文学习而言，朗读是最重要的。朗读是阅读的起点，是理解课文的重要手段。请听《列车上的偶然相遇》的朗读！

2. 1976年，阿历克斯·哈利，根据自己追寻的家族史，确定了他的祖先是来自冈比亚的昆塔·肯特，由此他完成这部备受关注的小说《根》。这部书讲了七代人的故事，从他的非洲祖先被奴役一直讲到他自己的身世调查。该书先后以37种不同的文字出版，哈利也因这部书获得了1977年普利策特别奖。

第 18 课　创造宣言[①]

陶行知[②]

学习目标

1. 体会议论文态度鲜明、表述准确的语言特色；
2. 掌握驳论文先破后立的写作方法；
3. 树立创新意识，培养创造精神。

> **小贴士**
>
> 驳论文一般先指出对方错误的实质，或直接批驳，或间接批驳，然后针锋相对地提出自己的观点。

创造主未完成之工作，让我们接过来，继续创造。

宗教家创造出神来供自己崇拜。省事者把别人创造现成之神来崇拜。恋爱无上主义者造出爱人来崇拜。美术家如罗丹，是一面造石像，一面崇拜自己的创造。

教育者不是造神，不是造石像，不是造爱人。他们所要创造的是真善美的活人。真善美的活人是我们的神，是我们的石像，是我们的爱人。教师的成功是创造出值得自己崇拜的人。先生之最大的快乐，是创造出值得自己崇拜的学生。说得正确些，先生创造学生，学生也创造先生，学生先生合作而创造出值得彼此崇拜之活人。倘若创造出丑恶的活人，不但是所塑之像失败，亦是合作塑像者之失败。倘若活人之塑像是由于集体的创造，而不是个人的创造，那么这成功失败也是属于集体而不是仅仅属于个人。在一个集体当中，每一个活人之塑像，是这个人来一刀，那个人来一刀，有时是万刀齐发。倘使刀法不合于交响曲之节奏，那便处处是伤痕，而难以成为真善美之活塑像。

---

① 选自《陶行知教育论著选》（人民教育出版社1982年版），有删改。
② 陶行知（1891－1946）：安徽省歙县人，中国人民教育家、思想家，伟大的民主主义战士，爱国者，中国人民救国会和中国民主同盟的主要领导人之一。

教育者也要创造值得自己崇拜之创造理论和创造技术。活人的塑像和大理石的塑像有一点不同，刀法如果用得不对，可以万像同毁，刀法如果用得对，则一笔下去，万龙点睛。

有人说：环境太平凡了，不能创造。平凡无过于一张白纸，八大山人①挥毫画他几笔，便成为一幅名贵的杰作。平凡也无过于一块石头，到了菲迪亚斯②、米开朗琪罗③的手里，可以成为不朽的塑像。

有人说：生活太单调了，不能创造。单调无过于坐监牢，但是就在监牢中产生了《易经》④卜辞⑤，产生了《正气歌》，产生了苏联的国歌，产生了尼赫鲁⑥自传。单调又无过于沙漠了，而雷赛布⑦竟能在沙漠中造出苏伊士运河⑧，把地中海⑨与红海⑩贯通起来。

可见平凡单调，只是懒惰者之遁辞⑪。既已不平凡不单调了，又何须乎创造。我们是要在平凡上造出不平凡，在单调上造出不单调。

有人说：年纪太小，不能创造。但是当你把莫扎特、爱迪生及冲破父亲层层封锁之帕斯卡的幼年生活翻给他看，他又只好哑口无言了。

有人说：我是太无能了，不能创造。但是鲁钝的曾参⑫，传了孔子的道统；不识字的惠能，传了黄梅的教义⑬。惠能说："下下人有上上智。"我们岂可自暴自弃呀！可见，无能也是借口。蚕吃桑叶，尚能吐丝，难道我们天

---

① 八大山人：即朱耷（1626—约1705），明末清初画家，中国画一代宗师。本名由桵，字雪个，号八大山人。

② 菲迪亚斯：古希腊著名雕塑家、建筑设计师，雅典人，主要活动时期在约公元前490年—公元前430年，政治家伯里克利的挚友和艺术顾问，是当时最负盛名的艺术家。

③ 米开朗琪罗：意大利文艺复兴时期伟大的绘画家、雕塑家、建筑师和诗人，文艺复兴时期雕塑艺术最高峰的代表。

④ 易经：《易经》指夏代的《连山》、商代的《归藏》及周代的《周易》，这三部经卦书统称为易经。其中《连山》《归藏》已失传，传世的只有《周易》一本。

⑤ 卜辞：殷人占卜，常将占卜人姓名，占卜所问之事及占卜日期、结果等刻在所用龟甲或兽骨上，间或亦刻有少量与占卜有关的记事，这类记录文字通称为卜辞。

⑥ 尼赫鲁：印度开国总理，也是印度在位时间最长的总理，任期为1947年到1964年。

⑦ 雷赛布：法国外交官，苏伊士运河开凿者。

⑧ 苏伊士运河：一条海平面的水道，在埃及贯通苏伊士地峡，沟通地中海与红海，提供从欧洲至印度洋和西太平洋附近土地的最近的航线。

⑨ 地中海：欧洲、非洲和亚洲大陆之间的一块海域。

⑩ 红海：位于非洲东北部与阿拉伯半岛之间，呈现狭长形。

⑪ 遁辞：也做遁词，指理屈词穷或不愿吐露真意时，用来支吾搪塞的话。

⑫ 曾参：曾子（公元前505—公元前435），名参，字子舆，春秋末年鲁国南武城人（山东嘉祥县）。是中国著名的思想家，孔子的晚期弟子之一，与其父曾晳同师孔子，是儒家学派的重要代表人物。

⑬ 教义：指一种宗教所信奉和宣扬的神学道理思想。

天吃白米饭，除了造粪之外，便一无贡献吗？

有人说：山穷水尽，走投无路，陷之绝境，等死而已，不能创造。但是遭遇八十一难之玄奘，毕竟取得佛经；粮水断绝，众叛亲离之哥伦布①，毕竟发现了美洲大陆；冻饿病三重压迫下之莫扎特②，毕竟写下了《安魂曲》。绝望是懦夫的幻想。歌德说："没有勇气，一切都完。"是的，生路是要勇气探出来，走出来，造出来的。这只是一半真理；当英雄无用武之地，他除了大无畏之斧还得有智慧之剑、金刚之信念与意志，才能开出一条生路。古语说："穷则变，变则通。"要有智慧才知道怎样变得通，要有大无畏之精神及金刚的信念与意志才变得过来。

所以处处是创造之地，天天是创造之时，人人是创造之人，让我们至少走两步退一步，向着创造之路迈进吧！

罗丹说："恶是枯干。"汗干了，血干了，热情干了，僵了，死了，死人才无意于创造。只要有一滴汗，一滴血，一滴热情，便是创造之神所爱住的行宫，就能开创造之花，结创造之果，繁殖创造之森林。

内容解析

陶行知先生用鲜活的实例说明了创造是人类发展的不竭动力。平庸者、懒惰者为自己找出种种借口不屑于创造。陶先生用教育家的口吻告诫我们："处处是创造之地，天天是创造之时，人人是创造之人……只要有一滴汗，一滴血，一滴热情，便是创造之神所爱住的行宫，就能开创造之花，结创造之果，繁殖创造之森林。"

---

① 哥伦布：意大利探险家、殖民者、航海家。
② 莫扎特：欧洲著名古典主义音乐作曲家，他谱出的协奏曲、交响曲、奏鸣曲、小夜曲、嬉游曲后来成为古典音乐的主要形式。

字词驿站

一、给下面加点的字注音。

塑（　　）像　　　苏伊（　　）士　　　懒惰（　　）

遁（　　）辞　　　懦（　　）夫

二、解释下列词语的含义。

遁辞：_____。

自暴自弃：_____。

众叛亲离：_____。

知识殿堂

先破后立的写作方法

选择。

驳论文是议论文中常见的论证文体，往往采取边破边立、先破后立等写法反驳对方的错误论点，并针锋相对地提出自己的正确观点。分析本文，指出其运用的主要写法是（　　）。

A．先破后立　　　　B．先立后破

C．边破边立　　　　D．先破后立再破

能力训练

一、议一议，作者在"破"的过程中批评了哪五种"不能创造"的错误观点？在"立"的过程中得出了什么结论？

二、说一说，这篇《创造宣言》认为教育最大的成功是什么？为获得这一成功，教育者要注意哪些问题？

三、在谈到说粗话不文明时，有人说"我是大老粗，不懂文明词儿"，有人说"别人都这样，要'入乡随俗'"，有人说"这样显得很'豪放'、很'亲切'"。你有何感想？请仿照《创造宣言》的写作方法，写一篇驳论文，驳斥这种错误观点，提出自己的正确观点。

阅读下面的短文，回答后面的问题。

中国人失掉自信力了吗

从公开的文字上看起来：两年以前，我们总自夸着"地大物博"，是事实；不久就不再自夸了，只希望着国联，也是事实；现在是既不夸自己，也不信国联，改为一味求神拜佛，怀古伤今了——却也是事实。

于是有人慨叹曰：中国人失掉自信力了。

如果单据这一点现象而论，自信其实是早就失掉了的。先前信"地"，信"物"，后来信"国联"，都没有相信过"自己"。假使这也算一种"信"，那也只能说中国人曾经有过"他信力"，自从对国联失望之后，便把这他信力都失掉了。

失掉了他信力，就会疑，一个转身，也许能够只相信了自己，倒是一条新生路，但不幸的是逐渐玄虚起来了。信"地"和"物"，还是切实的东西，国联就渺茫，不过这还可以令人不久就省悟到依赖它的不可靠。一到求神拜佛，可就玄虚之至了，有益或是有害，一时就找不出分明的结果来，它可以令人更长久的麻醉着自己。

中国人现在是在发展着"自欺力"。

"自欺"也并非现在的新东西，现在只不过日见其明显，笼罩了一切罢了。然而，在这笼罩之下，我们有并不失掉自信力的中国人在。

我们从古以来，就有埋头苦干的人，有拼命硬干的人，有为民请命的人，有舍身求法的人……虽是等于为帝王将相作家谱的所谓"正史"，也往往掩不住他们的光耀，这就是中国的脊梁。

这一类的人们，就是现在也何尝少呢？他们有确信，不自欺；他们在前仆后继的战斗，不过一面总在被摧残，被抹杀，消灭于黑暗中，不能为大家所知道罢了。说中国人失掉了自信力，用以指一部分人则可，倘若加于全体，那简直是诬蔑。

　　要论中国人，必须不被搽在表面的自欺欺人的脂粉所诓骗，却看看他的筋骨和脊梁。自信力的有无，状元宰相的文章是不足为据的，要自己去看地底下。

　　1. 讨论一下，作者在"破"中批驳了哪三种"事实"？在"立"中提出了怎样的观点？

　　2. 作者说"我们从古以来，就有埋头苦干的人，有拼命硬干的人，有为民请命的人，有舍身求法的人"，他们"是中国的脊梁"。你能想到哪位古人是这样的人？他的事迹有哪些？请写一段话，举例说明。

拓展延伸

故事《四块糖果》

陶行知生平与作品

　　1. 陶行知先生毕生致力于教育事业，对我国教育的现代化做出了开创性的贡献。他不仅创立了完整的教育理论体系，而且进行了大量教育实践。陶先生在教育学生方面有其独特的一面，其中著名的要数"四块糖果"的故事了……

　　2. 陶行知的教育思想和实践，代表了近代中国先进文化的前进方向。近代中国多灾多难，危机重重，使"教育救国"成为许多知识分子的梦想，陶行知正是其中最为杰出的人物之一。他以"捧着一颗心来，不带半根草去"的赤子之忱，为中国教育探寻新路。陶先生的一生不仅是战斗的一生，也是写作的一生，他写出了大量的作品，为我们留下了大量的精神财富。

第19课　荷花淀①

孙　犁②

学习目标

1. 掌握环境描写的方法；
2. 体会人物个性化的语言，掌握刻画人物形象的方法；
3. 培养爱国情感，珍惜和平生活。

小贴士

刻画人物形象是小说的主要目的，方法包括肖像描写、语言描写、动作描写、心理描写、神态描写等。

　　月亮升起来，院子里凉爽得很，干净得很，白天破好的苇眉子③湿润润的，正好编席。女人坐在小院当中，手指上缠绞着柔滑修长的苇眉子。苇眉子又薄又细，在她怀里跳跃着。

　　要问白洋淀有多少苇地？不知道。每年出多少苇子？也不知道。只晓得，每年芦花飘飞苇叶黄的时候，全淀的芦苇收割，垛起垛来，在白洋淀周围的广场上，就成了一条苇子的长城。女人们，在场里院里编着席。编成了多少席？六月里，淀水涨满，有无数的船只，运输银白雪亮的席子出口，不久，各地的城市村庄，就全有了花纹又密、又精致的席子用了。大家争着买："好席子，白洋淀席！"

　　这女人编着席。不久在她的身子下面，就编成了一大片。她像坐在一片洁白的雪地上，也像坐在一片洁白的云彩上。她有时望望淀里，淀里也是一片银白世界。水面笼起一层薄薄透明的雾，风吹过来，带着新鲜的荷叶荷花

---

① 选自《白洋淀纪事》（中国青年出版社2004年版）。稍有改动。
② 孙犁（1913—2002）：原名孙树勋，河北省衡水市安平人，现当代著名小说家、散文家，"荷花淀派"的创始人，又先后担任过《平原杂志》《天津日报》文艺副刊、《文艺通讯》等报刊的编辑。"孙犁"是他参加抗日战争时于1938年开始使用的笔名。中华人民共和国成立后，历任中国作家协会天津分会副主席、主席，天津市文联名誉主席，中国作协第一至三届理事、作协顾问，中国文联第四届委员。
③ 苇眉子：白洋淀方言，指把整根芦苇用工具劈开而成的长长的苇篾片，编织席子的材料。

香。但是大门还没有关，丈夫还没有回来。

很晚丈夫才回来了。这年轻人不过二十五六岁，头戴一顶大草帽，上身穿一件洁白的小褂，黑单裤卷过了膝盖，光着脚。他叫水生，小苇庄的游击组长，党的负责人。今天领着游击组到区上开会去了。

女人抬头笑着问："今天怎么回来得这么晚？"站起来要去端饭。

水生坐在台阶上说："吃过饭了，你不要去拿。"

女人就又坐在席子上。她望着丈夫的脸，她看出他的脸有些红涨，说话也有些气喘。她问："他们几个哩？"

水生说："还在区上。爹哩？"

"睡了。"

"小华哩？"

"和他爷爷去收了半天虾篓，早就睡了。他们几个为什么还不回来？"

水生笑了一下。女人看出他笑的不像平常，"怎么了，你？"

水生小声说："明天我就到大部队上去了。"

女人的手指震动了一下，想是叫苇眉子划破了手。她把一个手指放在嘴里吮了一下。

水生说："今天县委召集我们开会。假若敌人再在同口安上据点，那和端村就成了一条线，淀里的斗争形势就变了。会上决定成立一个地区队。我第一个举手报了名的。"

女人低着头说："你总是很积极的。"

水生说："我是村里的游击组长，是干部，自然要站在头里，他们几个也报了名。他们不敢回来，怕家里的人拖尾巴。公推我代表，回来和家里人说一说。他们全觉得你还开明一些。"

女人没有说话。过了一会儿，她才说："你走，我不拦你。家里怎么办？"

水生指着父亲的小房叫她小声一些。说："家里，自然有别人照顾。可是咱的庄子小，这一次参军的就有七个。庄上青年人少了，也不能全靠别人，家里的事，你就多做些，爹老了，小华还不顶事。"

女人鼻子里有些酸，但她并没有哭。只说："你明白家里的难处就好了。"

水生想安慰她。因为要考虑和准备的事情还太多，他只说了两句："千斤的担子你先担吧，打走了鬼子，我回来谢你。"

第19课 荷花淀

说罢，他就到别人家里去了，他说回来再和父亲谈。

鸡叫的时候，水生才回来。女人还是呆呆地坐在院子里等他，她说："你有什么话嘱咐嘱咐我吧！"

"没有什么话了，我走了，你要不断进步，识字，生产。"

"嗯。"

"什么事也不要落在别人后面！"

"嗯，还有什么？"

"不要叫敌人汉奸捉活的。捉住了要和他们拼命。"这才是那最重要的一句，女人流着眼泪答应了他。

第二天，女人给他打点好一个小小的包裹，里面包了一身新单衣，一条新毛巾，一双新鞋子。那几家也是这些东西，交水生带去。一家人送他出了门。父亲一手拉着小华，对他说："水生，你干的是光荣事情，我不拦你，你放心走吧。大人孩子我给你照顾，什么也不要惦记。"

全庄的男女老少也送他出来，水生对大家笑一笑，上船走了。

女人们到底有些藕断丝连①。过了两天，四个青年妇女聚在水生家里来，大家商量：

"听说他们还在这里没走。我不拖尾巴，可是忘下了一件衣裳。"

"我有句要紧的话得和他说说。"

"听他说鬼子要在同口安据点……"水生的女人说。

"哪里就碰得那么巧，我们快去快回来。"

"我本来不想去，可是俺婆婆非叫俺再去看看他，有什么看头啊！"

于是这几个女人偷偷坐在一只小船上，划到对面马庄去了。

到了马庄，她们不敢到街上去找，来到村头一个亲戚家里。亲戚说：你们来的不巧，昨天晚上他们还在这里，半夜里走了，谁也不知开到哪里去。你们不用惦记他们，听说水生一来就当了副排长，大家都是欢天喜地的……

几个女人羞红着脸告辞出来，摇开靠在岸边上的小船。现在已经快到晌午了，万里无云，可是因为在水上，还有些凉风。这风从南面吹过来，从稻秧上、苇尖上吹过来。水面没有一只船，水像无边的跳荡的水银。

---

① 藕断丝连：藕已折断，但还有许多丝连接着未断开。比喻没有彻底断绝关系。多指男女之间情思难断。

几个女人有点失望，也有些伤心，各人在心里骂着自己的狠心贼。可是青年人，永远朝着愉快的事情想，女人们尤其容易忘记那些不痛快。不久，她们就又说笑起来了。

"你看说走就走了。"

"可慌哩！比什么也慌，比过新年，娶新——也没见他这么慌过！"

"拴马桩也不顶事了。"

"不行了，脱了缰了！"

"一到军队里，他一准得忘了家里的人。"

"那是真的，我们家里住过一些年轻的队伍，一天到晚仰着脖子出来唱，进去唱，我们一辈子也没那么乐过。等他们闲下来没有事了，我就傻想：该低下头了吧。你猜人家干什么？用白粉子在我家影壁上画上许多圆圈圈，一个一个蹲在院子里，托着枪瞄那个，又唱起来了！"

她们轻轻划着船，船两旁的水哗，哗，哗。顺手从水里捞上一棵菱角来，菱角还很嫩很小，乳白色。顺手又丢到水里去。那棵菱角就又安安稳稳浮在水面上生长去了。

"现在你知道他们到了哪里？"

"管他哩，也许跑到天边上去了！"

她们都抬起头往远处看了看。"唉呀！那边过来一只船。"

"唉呀！日本鬼子，你看那衣裳！"

"快摇！"

小船拼命往前摇。她们心里也许有些后悔，不该这么冒冒失失走来；也许有些怨恨那些走远了的人。但是立刻就想，什么也别想了，快摇，大船紧紧追过来了。

大船追的很紧。

幸亏是这些青年妇女，白洋淀长大的，她们摇的小船飞快。小船活像离开了水皮的一条打跳的梭鱼。她们从小跟这小船打交道，驶起来，就像织布穿梭，缝衣透针一般快。假如敌人追上了，就跳到水里去死吧！

后面大船来的飞快。那明明白白是鬼子！这几个青年妇女咬紧牙制止住心跳，摇橹的手并没有慌，水在两旁大声哗哗，哗哗，哗哗哗！

"往荷花淀里摇！那里水浅，大船过不去。"

她们奔着那不知道有几亩大小的荷花淀去，那一望无边际的密密层层的大荷叶，迎着阳光舒展开，就像铜墙铁壁一样。粉色荷花箭高高地挺出来，是监视白洋淀的哨兵吧！

她们向荷花淀里摇，最后，努力的一摇，小船窜进了荷花淀。几只野鸭扑棱棱飞起，尖声惊叫，掠着水面飞走了。就在她们的耳边响起一排枪！

整个荷花淀全震荡起来。她们想，陷在敌人的埋伏里了，一准要死了，一齐翻身跳到水里去。渐渐听清楚枪声只是向着外面，她们才又扒着船帮露出头来。她们看见不远的地方，那肥大的荷叶下面，有一个人的脸，下半截身子长在水里。荷花变成人了？那不是我们的水生吗？又往左右看去，不久各人就找到了各人丈夫的脸，啊！原来是他们！

但是那些隐蔽在大荷叶下面的战士们，正在聚精会神瞄着敌人射击，半眼也没有看她们。枪声清脆，三五排枪过后，他们投出了手榴弹，冲出了荷花淀。

手榴弹把敌人那只大船击沉，一切都沉下去了。水面上只剩下一股烟硝火药气味。战士们都在那里大声欢笑着，打捞战利品。他们又开始了沉到水底捞出大鱼来的拿手戏。他们争着捞出敌人的枪支、子弹带，然后是一袋子一袋子叫水浸透了的面粉和大米。水生拍打着水去追赶一个在水波上滚动的东西——是一盒用精致纸盒装着的饼干。

妇女们带着浑身水，又坐到她们的小船上去了。

水生追回那个纸盒子，一只手高高举起，一只手用力拍打着水，好使自己不沉下去。对着荷花淀吆喝：

"出来吧，你们！"

好像带着很大的气。

她们只好摇着船出来。忽然从她们的船底下冒出一个人来，只有水生的女人认得那是区小队的队长。这个人抹一把脸上的水问她们："你们干什么去来呀？"

水生的女人说："又给他们送了一些衣裳来！"

小队长回头对水生说："都是你村的？"

"不是她们是谁，一群落后分子！"说完把纸盒顺手丢在女人们船上，一泅①，又沉到水底下去了，到很远的地方才钻出来。

小队长开了个玩笑，他说："你们也没有白来，不是你们，我们的伏击不会这么彻底。可是，任务已经完成，该回去晒晒衣裳了。情况还紧得很！"

战士们已经把打捞出来的战利品，全装在他们的小船上，准备转移。一人摘了一片大荷叶顶在头上，抵挡正午的太阳。几个青年妇女把掉在水里又捞出来的小包裹，丢给了他们，战士们的三只小船就奔着东南方向，箭一样飞去。不久就消失在中午水面上的烟波里。

几个青年妇女划着她们的小船赶紧回家，一个个像落水鸡似的。一路走着，因为过于刺激和兴奋，她们又说笑起来。

坐在船头脸朝后的一个噘着嘴说："你看他们那个横样子，见了我们爱搭理不搭理的！"

"啊，好像我们给他们丢了什么人似的。"

她们自己也笑了，今天的事情不算光彩，可是——

"我们没枪，有枪就不往荷花淀里跑，在大淀里就和鬼子干起来！"

"我今天也算看见打仗了。打仗有什么出奇，只要你不着慌，谁还不会趴在那里放枪呀！"

"打沉了，我也会凫水①捞东西，我管保比他们水式②好，再深点我也不怕！"

"水生嫂，回去我们也成立队伍，不然以后还能出门吗！"

"刚当上兵就小看我们，过二年，更把我们看得一钱不值了。谁比谁落后多少呢！"

这一年秋季，她们学会了射击。冬天，打冰夹鱼的时候，她们一个个登在流星一样的冰船上，来回警戒。敌人"围剿"那百顷大苇塘的时候，她们配合子弟兵作战，出入在那芦苇的海里。

---

① 泅：游泳。
② 凫水：通常指人或者动物在水上漂浮游动，嬉戏打闹。
③ 水式：指游水的技能。

第 19 课 荷花淀

内容解析

本文是孙犁的代表作之一。全文充满诗意，被称为"诗体小说"。在残酷的抗日战争时期，在一个关系着民族存亡的社会大背景下，小说为大家讲述了一个发生在冀中地区农村劳动妇女同日本侵略者做斗争的故事，表现农村妇女坚贞勇敢的性格和精神。小说所呈现的自然美、人情美，从另一个角度控诉了侵略战争的罪恶，也歌颂了自然、生命、爱情的美好，激发了我们的民族感情、爱国热情。

本文景物描写淡雅别致，语言描写恬淡丰富，既符合人物的身份又带有浓厚的北方特色，学习时要认真体会。

字词驿站

一、给下列加点的字注音。

苇眉（　　）子　垛（　　）起来　小褂（　　）　虾篓（　　）

吮（　　）吸　嘱（　　）咐　惦（　　）记　菱（　　）角

梭（　　）鱼　扑棱（　　）　凫（　　）水　围剿（　　）

二、解释下列词语的含义。

藕断丝连：_____。

铜墙铁壁：_____。

凫水：_____。

知识殿堂

请分析一下，本文刻画水生嫂这一人物形象运用了哪些描写方法？

小说刻画人物形象的方法

能力训练

一、仿照下面的环境描写，从视觉、触觉、嗅觉等多角度写一段话。

　　月亮升起来，院子里凉爽得很，干净得很……这女人编着席。不久在她的身子下面，就编成了一大片。她像坐在一片洁白的雪地上，也像坐在一片洁白的云彩上。她有时望望淀里，淀里也是一片银白世界。水面笼起一层薄薄透明的雾，风吹过来，带着新鲜的荷叶荷花香。

二、下面这段话是对水生的形象描写，语言简洁凝练。请采用同样的方法，描写一个你熟悉的人。

　　这年轻人不过二十五六岁，头戴一顶大草帽，上身穿一件洁白的小褂，黑单裤卷过了膝盖，光着脚。他叫水生，小苇庄的游击组长，党的负责人。

三、细细品读四个青年妇女商量探夫的话，仿写一段对话，展现不同的人物性格。

　　女人们到底有些藕断丝连。过了两天，四个青年妇女聚在水生家里来，大家商量：

　　"听说他们还在这里没走。我不拖尾巴，可是忘下了一件衣裳。"

　　"我有句要紧的话得和他说说。"

　　"听他说鬼子要在同口安据点……"水生的女人说。

　　"哪里就碰得那么巧，我们快去快回来。"

　　"我本来不想去，可是俺婆婆非叫俺再去看看他，有什么看头啊！"

　　于是这几个女人偷偷坐在一只小船上，划到对面马庄去了。

雨　伞

雾一般蒙蒙的春雨,虽湿不透全身,但洒在皮肤上,还能觉出湿润来。姑娘跑到门外,看见如约前来的小伙子打着伞,这才喊道:"哎哟!怎么下雨了?"

小伙子将脸藏在伞内,这雨伞与其说是挡雨,倒不如说是他来到姑娘家的铺子面前时,为了遮羞而打开的。

小伙子默默地将伞遮在姑娘的头顶上。姑娘只把一边的肩膀伸进去,小伙子见姑娘还淋着雨,很想请她靠近自己,可又没有勇气开口。当然,姑娘也很想一只手凑上去拿伞,但不知怎么的,却偏偏做出要逃出伞外的样子。两人羞赧地走进一家照相馆。小伙子那当官的父亲要携眷赴外上任,他们是来拍分别照的。

"请您二位坐到这边来吧。"摄影师指着一张长椅子说。小伙子不好意思挨着姑娘坐,便站在她的身后。为了想表示出他们俩身体的某一部分相依在一块儿,小伙子把扶在椅子靠背上的手指轻轻地碰着姑娘的外套。通过手指感觉到那微热的体温,小伙子仿佛感受到了紧紧拥抱着姑娘时的温暖。从此以后,每当看到这张照片,他都会回味起她的体温来的。"再来一张怎么样?"摄影师颇热情地说,"您二位最好是挨紧点,把上半身拍大些。"

姑娘点头不语。

"您的头发是不是……"小伙子悄悄地对姑娘说。姑娘无意中抬头望了他一眼,顿时两颊鲜红,明眸里闪烁出欣喜的光芒,她赶忙像孩子般温顺地到化妆室去了。

刚才瞧见小伙子来到家门口时,她连理一下头发都顾不上便跳了出来。一头蓬松的头发,像刚刚脱下游泳帽似的,姑娘为此感到不安,但是,在男子面前,她又陷于羞涩,连拨拢头发的动作都做不出来,而小伙子又怕提醒会使她难堪。

去化妆室时姑娘的欢快神态深深感染上了小伙子,不一会儿,两个人就很自然地一块儿坐在椅子上。

临走时,小伙子找起他的雨伞来,他偶尔发现,伞已经被先走出门口的姑娘拿在手里了。姑娘从小伙子的目光中突然醒悟过来，心里不由暗自一怔——无形中，她竟已把自己当成他的人了！

小伙没有要回伞，姑娘也不大愿意交还给他。可是，不像来时那样胆怯，他们似乎一下子变成了大人，像一对夫妻似的走回去了。

雨伞在蒙蒙的雨雾中远去，远去……

本文善于用细腻的语言表达人物丰富的内心世界。简要分析下列句子。

1. "姑娘也很想一只手凑上去拿伞"，写出姑娘_____。
2. "顿时两颊鲜红，明眸里闪烁出欣喜的光芒"，写出姑娘_____。
3. "您的头发是不是……"写出小伙子_____。

《荷花淀》课本剧视频

《荷花淀》朗读录音

拓展延伸

1. 《荷花淀》将一场军民联合抵抗日本侵略者的战斗安排在风景如画的白洋淀中进行，既给我们描绘了一幅如诗的画面，又反映出农村劳动妇女坚贞乐观的性格。让我们走进那段岁月吧！

2. 朗读是一种有声的阅读方式，能够有效地调动我们的眼、口、耳等感官参与阅读活动。请听《荷花淀》的朗读录音！

第 20 课　兰亭集序①

王羲之②

学习目标

1. 掌握诵读古诗文的方法；
2. 学习本文多种表达方式融合的写作手法；
3. 体会本文蕴含的对人生的眷恋和热爱之情。

小贴士

诵读要快慢有致，还要眼到、口到、耳到、心到，全身心地投入，从诵读中体会节奏感，品味作品的情趣和神韵。

　　永和③九年，岁在癸丑，暮春④之初，会⑤于会稽⑥山阴⑦之兰亭，修禊事也⑧。群贤⑨毕至⑩，少长⑪咸⑫集。此地有崇山峻岭⑬，茂林修竹⑭，又有清

---

① 选自《晋书》（中华书局1974年版标点本）卷八十《王羲之传》。
② 王羲之（303—361年，一作321—379年）：字逸少，汉族，东晋时期著名书法家，有"书圣"之称。琅琊（今属山东临沂）人，后迁会稽山阴（今浙江绍兴），晚年隐居剡县金庭。其书法兼善隶、草、楷、行各体，精研体势，心摹手追，广采众长，备精诸体，冶于一炉，摆脱了汉魏笔风，自成一家，影响深远。风格平和自然，笔势委婉含蓄，遒美健秀。其代表作《兰亭集序》被誉为"天下第一行书"。在书法史上，他与其子王献之合称为"二王"。
③ 永和：东晋皇帝司马聃（晋穆帝）的年号，从公元345年至356年，共12年。永和九年上巳节，王羲之与谢安、孙绰等41人。举行禊礼，饮酒赋诗，事后将作品结为一集，由王羲之写了这篇序总述其事。
④ 暮春：阴历三月。暮，晚。
⑤ 会：集会。
⑥ 会稽：郡名，今浙江绍兴。
⑦ 山阴：今绍兴城越城区。
⑧ 修禊（xì）事也：（为了做）禊礼这件事。古代习俗，于阴历三月上旬的巳日（魏以后定为三月三日），人们群聚于水滨嬉戏洗濯，以祓除不祥和求福。实际上这是古人的一种游春活动。
⑨ 群贤：诸多贤士能人。指谢安等社会名流。贤，形容词做名词。
⑩ 毕至：全到。毕，全、都。
⑪ 少长：如王羲之的儿子王凝之、王徽之是少，谢安、王羲之等是长。
⑫ 咸：都。
⑬ 崇山峻岭：高峻的山岭。
⑭ 修竹：高高的竹子。修，高高的样子。

流激湍①，映带左右②。引以为流觞曲水③，列坐其次④。虽无丝竹管弦之盛⑤，一觞一咏⑥，亦足以畅叙幽情⑦。

是日也⑧，天朗气清，惠风⑨和畅⑩。仰观宇宙之大，俯察品类之盛⑪，所以⑫游目骋⑬怀，足以极⑭视听之娱，信⑮可乐也。

夫人之相与，俯仰一世⑯。或取诸⑰怀抱，悟言⑱一室之内；或因寄所托，放浪形骸之外⑲。虽趣舍万殊⑳，静躁㉑不同，当其欣于所遇，暂㉒得于己，快然自足㉓，不知老之将至㉔。及其所之既倦㉕，情随事迁㉖，感慨系之㉗矣。向㉘之

---

① 激湍：流势很急的水。
② 映带左右：辉映点缀在亭子的周围。映带，映衬、围绕。
③ 流觞（shāng）曲水：用漆制的酒杯盛酒，放入弯曲的水道中任其漂流，杯停在某人面前，某人就引杯饮酒。这是古人一种劝酒取乐的方式。流，使动用法。曲水，引水环曲为渠，以流酒杯。
④ 列坐其次：列坐在曲水之旁。列坐，排列而坐。次，旁边，水边。
⑤ 丝竹管弦之盛：演奏音乐的盛况。盛，盛大。
⑥ 一觞一咏：喝着酒作着诗。
⑦ 幽情：幽深内藏的感情。
⑧ 是日也：这一天。
⑨ 惠风：和风。
⑩ 和畅：缓和。
⑪ 品类之盛：万物的繁多。品类，指自然界的万物。
⑫ 所以：用来。
⑬ 骋：使……奔驰。
⑭ 极：穷尽。
⑮ 信：实在。
⑯ 夫人之相与，俯仰一世：人与人相交往，很快便度过一生。夫，句首发语词，不译。相与，相处、相交往。俯仰，表示时间的短暂。
⑰ 取诸：取之于，从……中取得。
⑱ 悟言：面对面的交谈。悟，通"晤"，指心领神会的妙悟之言。
⑲ 因寄所托，放浪形骸之外：就着自己所爱好的事物，寄托自己的情怀，不受约束，放纵无羁地生活。因，依、随着。寄，寄托。所托，所爱好的事物。放浪，放纵、无拘束。形骸，身体、形体。
⑳ 趣舍万殊：各有各的爱好。趣舍，即取舍，爱好。趣，通"取"。万殊，千差万别。
㉑ 静躁：安静与躁动。
㉒ 暂：短暂，一时。
㉓ 快然自足：感到高兴和满足。然，……的样子。
㉔ 不知老之将至：（竟）不知道衰老将要到来。语出《论语·述而》："其为人也，发愤忘食，乐以忘忧，不知老之将至云尔。"一本有"曾"在句前。
㉕ 所之既倦：（对于）所喜爱或得到的事物已经厌倦。之，往、到达。
㉖ 情随事迁：感情随着事物的变化而变化。迁，变化。
㉗ 感慨系之：感慨随着产生。系，附着。
㉘ 向：过去、以前。

所欣，俯仰之间，已为陈迹①，犹不能不以之兴怀②。况修短随化③，终期④于尽。古人云："死生亦大矣⑤！"岂不痛哉！

每览昔人兴感之由，若合一契⑥，未尝不临文嗟悼⑦，不能喻⑧之于怀。固知一死生为虚诞，齐彭殇为妄作⑨。后之视今，亦犹今之视昔，悲夫！故列叙时人⑩，录其所述⑪。虽世殊事异，所以兴怀，其致一也⑫。后之览者⑬，亦将有感于斯文⑭。

内容解析

东晋穆帝永和九年（公元353年）三月三日，王羲之与谢安、孙绰等四十一位军政高官，在山阴（今浙江绍兴）兰亭"修禊"，雅集中众人所赋诗作被编为一集，本文是王羲之为他们的诗集写的序文。《兰亭集序》先绘声绘色地记叙了兰亭集会的盛况，然后叙志抒怀，抒发作者对于生死无常的感慨，表达了对人生的眷恋之情。

文章以抒情为线索，集写景、叙事、议论、抒情为一体，阅读时要牢牢抓住情感抒发这条主线，细细体会本文的创作特色。

---

① 陈迹：旧迹。
② 以之兴怀：因它而引起心中的感触。以，因。之，指"向之所欣……以为陈迹"。兴，发生、引起。
③ 修短随化：寿命长短听凭造化。化，自然。
④ 期：至，及。
⑤ 死生亦大矣：死生是一件大事啊。语出《庄子·德充符》。
⑥ 契：符契，古代的一种信物。在符契上刻上字，剖而为二，各执一半，作为凭证。
⑦ 临文嗟悼：读古人文章时叹息哀伤。临，面对。
⑧ 喻：明白。
⑨ 固知一死生为虚诞，齐彭殇为妄作：本来知道把死和生等同起来的说法是不真实的，把长寿和短命等同起来的说法是妄造的。固，本来、当然。一，把……看作一样；齐，把……看作相等，都用作动词。虚诞，虚妄荒诞的话。殇，未成年死去的人。妄作，妄造、胡说。一生死，齐彭殇，都是庄子的看法。出自《齐物论》。
⑩ 列叙时人：一个一个记下当时与会的人。
⑪ 录其所述：录下他们作的诗。
⑫ 其致一也：人们的思想情趣是一样的。
⑬ 后之览者：后世的读者。
⑭ 斯文：这次集会的诗文。

字词驿站

一、下列加点词语解释不正确的一项是（　　）。

A. ①引以为流觞曲水，列坐其次（它的旁边，指水边）　②所以游目骋怀（用来）

B. ①虽无丝竹管弦之盛（借指音乐）　②曾不知老之将至（乃，竟）

C. ①夫人之相与，俯仰一世（交往）　②或取诸怀抱（从……中取得）

D. ①虽世殊事异，所以兴怀，其致一也（导致）　②未尝不临文嗟悼（面对）

二、下面"其"字的用法，与其他句不同的一项是（　　）。

A. 吾其还也。

B. 虽世殊事异，所以兴怀，其致一也。

C. 故列叙时人，录其所述。

D. 当其欣于所遇，暂得于已，快然自足。

知识殿堂

诵读方法介绍

填空。

诵读即朗读和背诵。朗读是把书面语言转化为响亮的口头语言的活动，是一种_____、_____、_____、_____等多种生理机能共同参与、协调动作的阅读方法。背诵是指凭借记忆念出读过的文章词句，是在理解的基础上熟读而成的活动。诵读要朗读、熟读，方能成诵；要听诵、跟诵、背诵循序渐进。

能力训练

一、有感情地朗读本文，朗读时注意语音、语调、断句等。

二、以小组为单位，把本文翻译成现代文，然后每个小组选出一名代表，有感情地朗读译文。

三、背诵全文。评出一个诵读最好的同学来，授予"诵读之星"称号。

王羲之

王羲之字逸少，司徒导之从子也。羲之幼讷于言，人未之奇。及长，辩赡，以骨鲠称。尤善隶书，为古今之冠，论者称其笔势，以为飘若浮云，矫若惊龙，深为从伯敦、导所器重。时陈留阮裕有重名，裕亦目羲之与王承、王悦为王氏三少。时太尉郗鉴使门生求女婿于导，导令就东厢遍观子弟。门生归，谓鉴曰："王氏诸少并佳，然闻信至，咸自矜持。唯一人在东床坦腹食，独若不闻。"鉴曰："正此佳婿邪！"访之，乃羲之也，遂以女妻之。

羲之雅好服食养性，不乐在京师，初渡浙江，便有终焉之志。会稽有佳山水，名士多居之，谢安未仕时亦居焉。孙绰、李充等皆以文义冠世，并筑室东土与羲之同好。尝与同志宴集于会稽山阴之兰亭，羲之自为序以申其志。

性爱鹅，会稽有孤居姥养一鹅，善鸣，求市未能得，遂携亲友命驾就观。姥闻羲之将至，烹以待之，羲之叹惜弥日。又山阴有一道士，养好鹅，之往观焉，意甚悦，固求市之。道士云："为写《道德经》，当举群相送耳。"羲之欣然写毕，笼鹅而归，甚以为乐。尝至门生家，见棐几滑净，因书之，真草相半。后为其父误刮去之，门生惊懊者累日。羲之书为世所重，皆此类也。每自称："我书比钟繇，当抗行；比张芝草，犹当雁行也。"曾与人书云："张芝临池学书，池水尽黑，使人耽之若是，未必后之也。"

时骠骑将军王述少有名誉，与羲之齐名，而羲之甚轻之，由是情好不协。述先为会稽，以母丧居郡境，羲之代述，止一吊，遂不重诣。述每闻角声，谓羲之当候己，辄洒扫而待之。如此者累年，而羲之竟不顾，述深

以为恨。（《晋书·王羲之传》）

1. 对下列句子中加点词的解释不正确的一项是（　　）。

A. 及长，辩赡。　　赡：丰富

B. 裕亦目羲之与王承、王悦为王氏三少。　　目：看待

C. 然闻信至，咸自矜持。　　信：信使

D. 孙绰、李充等皆以文义冠世。　　冠：位居第一

二、下列对原文的叙述和分析不正确的一项是（　　）。

A. 王羲之是司徒王导的堂侄子，年幼时并没有显出什么特异之处，成人后擅长隶书，被称为古往今来的佼佼者。后来被太尉郗鉴相中，成为郗家的乘龙快婿。

B. 王羲之淡泊名利，性喜自然，曾与谢安等文人雅士聚集在会稽郡山阴县的兰亭，写下著名的《兰亭序》以抒发自己的感受。

C. 王羲之书法精湛，不但擅长楷书和草书，而且主张学习书法应该全身心地投入，只不过为人狂放傲岸，言谈之间常常把自己与钟繇、张芝相提并论。

D. 骠骑将军王述在会稽任职时，恰逢母丧，王羲之因为与之感情上有隔阂，只去吊唁了一次，就没有再去，王述对此深为怨恨。

《兰亭集序》
书法欣赏

《兰亭集序》
朗读音频

拓展延伸

1. 《兰亭集序》不仅是一篇旷世奇文，也是一篇书法佳作。草稿共计28行，324字。记述了当时文人雅集的情景。作者因当时天时地利人和才发挥到极致，据说后来再写已不能逮。其中有二十多个"之"字，写法各不相同。宋代米芾称之为"天下第一行书"。

2. 《兰亭集序》作为一篇诗歌序言，描景抒情融为一体，音韵和谐自然，读来朗朗上口，能够真切感受山水之美和聚会的欢乐之情！

综合实践活动

排练课本剧

活动描述

本单元综合实践活动是练习排练课本剧。活动分为五个阶段：合理分组、改写剧本、练习彩排、登台表演、综合评价。全班同学分为三个小组，分别是：剧本组、导演组、表演组。首先，剧本组成员把小说《荷花淀》改写成剧本；然后，导演组成员指导演员练习彩排；最后，演员组成员登台表演，剧本组、导演组成员在台下观看。

活动目的

1. 训练学生的思维能力。
2. 训练学生的写作能力。
3. 训练学生的表达能力。
4. 提高学生的协作能力。
5. 培养学生自我评价能力。

活动流程

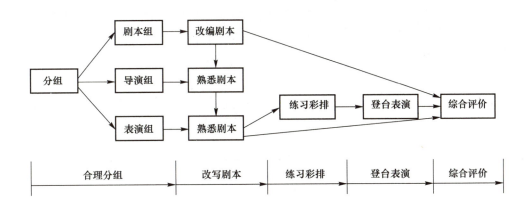

活动建议

1. 分组建议：每组设正组长一人，副组长两人，赋予他们充分的权力，给予他们切实可行的任务；导演组人数不宜太多。

2. 参与建议：教师可作为嘉宾进行指导、监督，在剧本改写方面把好关。

活动评价

表演完成后，师生结合下表对本次活动作出评价。

学生活动评价表

活动名称	排练课本剧	活动方式	小组合作班内表演		活动时间		
序号	评价内容	自我评价			集体评价			教师评价		
		优	良	一般	优	良	一般	优	良	一般
1	是否参与其中									
2	是否积极热情，有责任感									
3	出席小组会议情况									
4	是否按计划进度完成任务									
5	与其他成员是否团结协作									
6	活动参与效果									
总评										